門倉貴史

貧困ビジネス

GS

貧困ビジネス／目次

図版作成　堀内美保(TYPE FACE)

はじめに
――「貧困ビジネス」とは何か

世界同時不況で貧困層が急増

2007年に米国でサブプライムローン（低所得層向けの住宅融資）の焦げ付き問題が深刻化してから、金融不安は瞬く間に欧州各国や中小の新興国（アイスランド、ハンガリー、パキスタン、ウクライナ、ベラルーシなど）にも波及し、現在は「世界同時不況」が懸念されるようになっています。

「もしかすると、今回の世界同時不況は、1929年に米国を震源として起こった世界大恐慌に匹敵するほどの悲惨な状況になるのではないか」と指摘する向きさえあります。1929年の世界大恐慌のときには、米国の株価がピーク時の10分の1にまで下落したほか、米国の労働者の4人に1人は失業者という悲惨な状況になりました。

「マエストロ（巨匠）」と呼ばれたアラン・グリーンスパン前FRB（米連邦準備制度理事会）議長も、今回の金融危機を「100年に1度の危機」と述べています。

日本の金融機関は、1980年代に起こったバブルの生成と崩壊を教訓にして、これまでリスクの大きいサブプライムローン関連の金融商品にはあまり手を出してこなかったので、欧米の金融機関のように（サブプライムローン関連の損失が膨らんで）深刻な経営危機に直面することはありませんが、国内景気の大幅な悪化は避けられません。

というのも、欧米の需要の落ち込みと、（ドル安、ユーロ安による）急激な円高のダブル・パンチによって、輸出関連の企業が壊滅的な打撃を受けているからです。これまでの日本の経済成長は、もっぱら輸出によって支えられていたため、輸出が落ち込むようになると、経済成長の牽引役《けんいんやく》が不在となって、景気が一気に冷え込んでしまうのです。日本を代表する自動車メーカーの場合、対ドルで円が1円上がるだけで、年間約400億円の営業利益が吹き飛んでしまうといわれます。

また、株価の下落などによって保有資産が目減りしているため、金融機関の貸し出し余力も小さくなっています。お金を必要としている企業や個人に、それが回っていかなくなると、もともと力強さを欠いていた国内の需要（消費や投資など）は一段と悪化するとみられます。海外と国内の市場が縮小し、さらに資金繰りも厳しくなってくれば、企業の倒産件数も増えてくるでしょう。すでに企業倒産件数は大幅に増加しており、不動産業界を中心に上場企業の倒産も相次いでいます（図表1）。企業の倒産が増えれば、その企業で働いていた人たちは職を失うことになるので、失業者が増えてくるでしょう。また、業績の悪化した企業は人件費を抑制

図表1｜企業倒産件数の推移

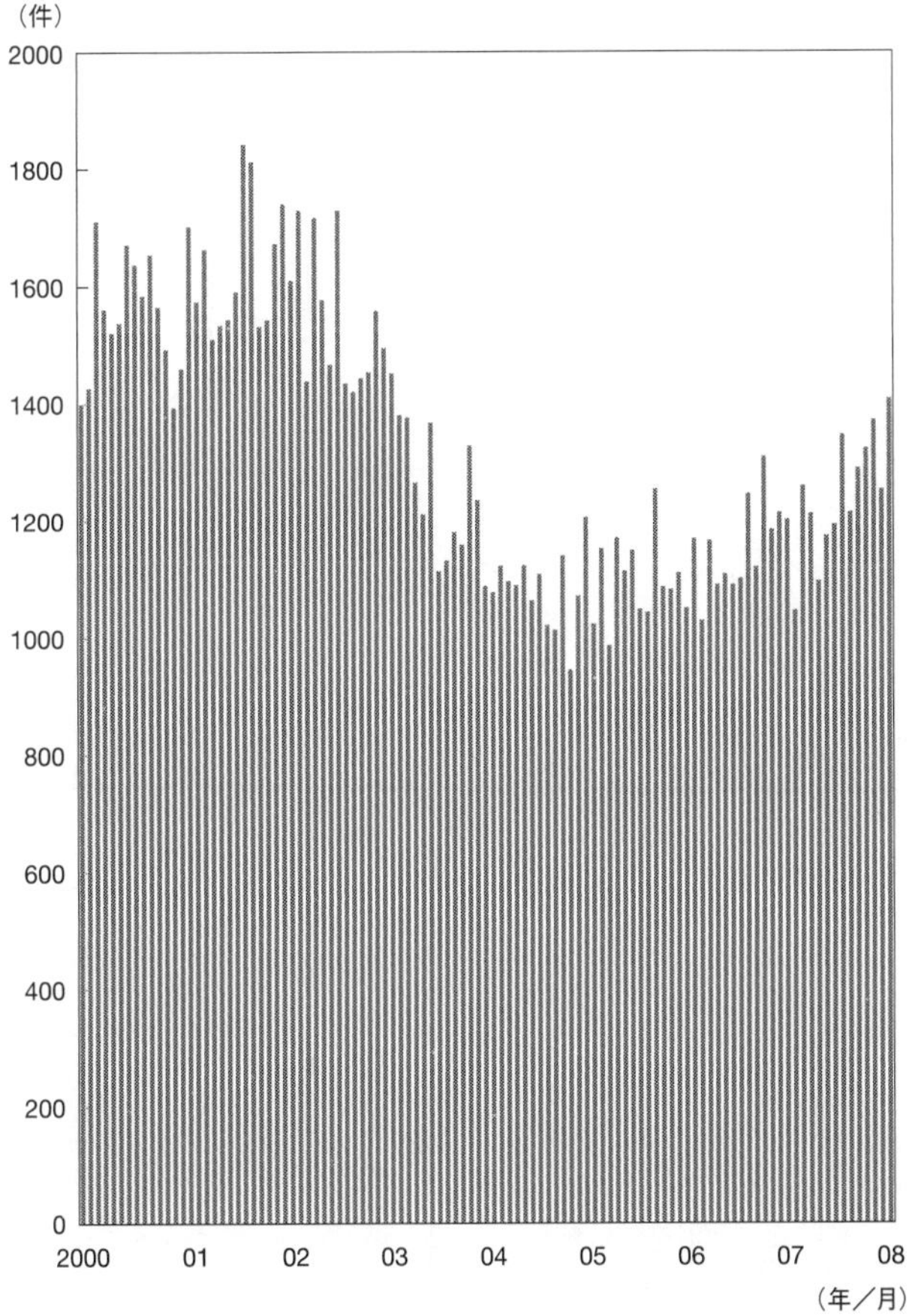

（出所）東京商工リサーチ資料より作成、2008年9月までの月次データ

するため、従業員がもらうボーナスの金額も減ってきます。

こうした世界経済や日本経済の状況を踏まえると、これから先、所得格差の問題が一段と深刻化してくることが懸念されます。

日本では景気が回復傾向にあった時期（2002年から2007年まで）から、すでに低所得層が増加傾向で推移していました。

なぜ、景気が回復傾向にあったのに低所得層が増加していたのでしょうか。これには、政府が推進した各種の規制緩和政策が強く影響していると考えられます。規制緩和によって米国型の徹底した市場主義を採り入れた結果、国内で企業間の競争が激化し、企業が一定の収益を確保するために人件費を抑制するようになったのです。

国内企業の多くが、従業員を人件費負担の大きい正社員から人件費負担の小さい非正社員（契約社員、派遣社員、パートタイマー、アルバイトなど）に切り替えていきました。そして、非正社員として働いている人たちの中から、低賃金と不安定な雇用に苦しむ低所得層が出てくるようになったのです。

今後は企業の倒産やリストラ、コスト削減のための賃金抑制などによって、失業者や低所得層の増加が加速することが予想されます。年収が生活保護の水準にも届かない「ワーキングプア（働く貧困層）」と呼ばれる人たちも増えてくることでしょう。

富裕層の消費市場をしのぐ規模

ところで、社会全体に占める貧困層の割合が高まってくると、日本国内で展開される各種のビジネスにも大きな変化が現れてくるようになります。

すなわち、品質がどんなに優れていても値段の高い商品やサービスは売りづらくなって、とにかく値段の安い商品やサービスが売れるようになるということです。もちろん、低価格戦略で企業がそれなりの利益を上げるには、値段が安い分、できるだけたくさんの量を売っていかなければなりません。一言でいえば、「薄利多売」のビジネスモデルになるということです。

実際、低価格路線を明確に打ち出す企業は増えてきています。低価格路線を明確に打ち出して成功したビジネスの事例を挙げると、たとえば、最近、駅の構内などで「10分1000円」をうたったディスカウント理容店の数が増えてきています。ディスカウント理容店では、値段の安さと散髪の時間の短さが注目を浴びて、お客さんの数が急増、業容が拡大しています。

また2008年に入って日本の景気が急激に悪化するようになってからは、消費者が生活防衛姿勢・低価格志向を強めるなかで、日本マクドナルドやファーストリテイリングといった「低価格」を売りにした小売・外食産業の業績が好調に推移しています。米国でも、悪化の度合いを強める景気とは逆行するかのように、ディスカウント店のウォルマート・ストアーズが業績を伸ばしています。今回の世界的な景気後退が終わるまでには、かなりの時間を要するとみられ、それまでは「低価格」を売りにしたビジネスが好調に推移すると予想されます。

さらに最近では、最初から「ワーキングプア」や「ネットカフェ難民」などの貧困層を主要な客層に想定して、そこから巨額の利益を生み出す「貧困ビジネス」も出てくるようになってきました。

「貧困ビジネス」とは何でしょうか？　ＮＰＯ法人自立生活サポートセンター・もやい事務局長の湯浅誠さんは、「貧困ビジネス」を「貧困層をターゲットにしていて、かつ貧困からの脱却に資することなく、貧困を固定化するビジネス」（『世界』２００８年10月号）と定義しています。

本書では、湯浅誠さんの定義をもう少し緩めて、貧困層をメインのターゲットにして、短期的な利益を追求するビジネス全般を「貧困ビジネス」と呼ぶことにしたいと思います。

「貧困ビジネス」という言葉が登場するずっと以前から、貧困層を対象としたビジネスは存在していました。昔から存在していたにもかかわらず、最近になって「貧困ビジネス」が注目されているのは、貧困層のボリュームの拡大や、従来とは異なる新たなビジネスモデルの登場などによって「貧困ビジネス」が目に見える形で大きく膨らんできたという事情があります。

「貧困ビジネス」のターゲットとなる貧困層というのは、「ワーキングプア」や「日雇い派遣」、「生活保護受給者」、「ホームレス」、「ネットカフェ難民」、「多重債務者」といった人たちです。

図表2｜「貧困ビジネス」のターゲットになりやすい人たち

貧困ビジネスのターゲット	人数（万人）	調査時点
ワーキングプア（働く貧困層）	1308	07年
短期派遣労働者（日雇いを含む）	346	07年
生活保護受給者	157	08年7月
ホームレス	1.85	07年
ネットカフェ難民	0.54	07年
多重債務者（5件以上）	97	08年9月

（出所）総務省「就業構造基本調査」、厚生労働省資料、金融庁資料に基づき筆者作成

「ワーキングプア」であると同時に「ネットカフェ難民」の人もいますし、あるいは「ネットカフェ難民」であると同時に「多重債務者」の人もいるのですが、それぞれがどれぐらいの人数になっているかを確認しておきましょう（図表2）。

まず、「ワーキングプア」の人数（年収が200万円に届かないフルタイム労働者）は、総務省「就業構造基本調査」をもとに集計すると2007年の時点で約1308万人に上ります。また、厚生労働省の調査によると、短期派遣労働者（日雇い派遣を含む）として人材派遣会社に登録している人の数は2007年で約346万人です。

次に、「生活保護受給者」ですが、こちらは厚生労働省の「福祉行政報告例」によると、2008年7月時点で約157万人となっています。一方、「ホームレス」の数は、2007年時点で約

1万8500人です。「ネットカフェ難民」は厚生労働省の調査では全国で約5400人となっています。さらに、金融庁の調査によると、消費者金融業者などから5件以上の借り入れがある「多重債務者」の数は2008年9月時点で約97万人となっています。

これらすべてを含めると、「貧困ビジネス」のターゲットになる貧困層がかなりの数に上ることが分かるでしょう。

では、「貧困ビジネス」の潜在的なマーケットの大きさを金額で表すと、いったいどれぐらいになるのでしょうか。たとえば、「ワーキングプア」の人たちの消費市場について考えると、年間の1人あたりの消費支出が150万円とした場合、150万円×1308万人＝19・6兆円にも上ります。

一方、年収が2000万円を超える高所得層は2007年で161万人となっています。この人たちが年間に1000万円の消費をするとしても、1000万円×161万人＝16・1兆円です。

つまり、全体としてとらえれば、「ワーキングプア」の消費市場のほうが、富裕層の消費市場よりも規模が大きいということです。

また、金融庁の資料によると、「多重債務者」の1人あたりの債務残高は101・6万円となっています（2008年9月時点）。すると、「多重債務者」のマーケットは、101・6万円×97万人＝9855億円ということになります。「改正貸金業法」が成立（2006年12月）してから、「多重債務者」の数は減少傾向にありますが、それでもまだ1兆円近くの巨大なマーケットが存在しているということです。

このように「貧困ビジネス」は、市場規模から判断する限り、すでに大きなマーケットを形成しているといえます。

ただ、私たちが注意しておく必要があるのは、このビジネスモデルが、本当に世の中の役に立っているのか、人々の生活水準の向上に貢献しているのかという点です。

あるビジネスが日本の経済成長に貢献しているかどうかは、そのビジネスがどれだけ新たな付加価値を生み出したかによって判断されます。第6章で紹介するグラミン銀行のように貧困層を対象としながらも、付加価値を生み出している良心的な「貧困ビジネス」も存在しますが、本書で紹介する「貧困ビジネス」のほとんどは、新たな付加価値を生み出してはいません。貧困に苦しむ人たちから、無理矢理、お金をむしりとっているのですから、これは単なるお金の移転です。

悪質な「貧困ビジネス」の根底には、「とにかくどんな手段を使ってもいいから、取りやすいところからお金を取る」という考えがあります。したがって、このような悪質な「貧困ビジネス」の横行は、日本経済全体でみれば何のメリットも生まないのです。

図表3 | 貧困ビジネスの種類

合法的なビジネスの例	グレーゾーンのビジネスの例	非合法なビジネスの例
・激安ディスカウントストア ・100円ショップ ・ジャンクフード	・一部の「ゼロゼロ物件」ビジネス ・名ばかり管理職 ・日雇い派遣労働者	・ヤミ金融 ・ニセの養子縁組、偽装結婚 ・多重派遣、偽装請負

（出所）筆者作成

横行するグレーゾーン・非合法のビジネス

一口に「貧困ビジネス」といっても、その内容は多種多様です。法制度との関係でいえば、「貧困ビジネス」には、合法的なビジネスもあれば、「グレーゾーン」のビジネス、非合法のビジネスも存在します（図表3）。

「貧困ビジネス」の多くは、100円ショップや激安ディスカウントストアなど、値段の安さを売りにした合法的なビジネスで占められていますが、法律上、白黒が曖昧《あいまい》ではっきりしない「グレーゾーン」の部分を巧みに利用したビジネスもあります。本書で取り上げる「ゼロゼロ物件」などがその典型例といえるでしょう。また、雇用の面に目を向けると、たとえば「名ばかり管理職」や「日雇い派遣」の人たちは、法律上曖昧な部分があるために、企業に搾取《さくしゅ》されやすい構造となっています。

あるいは、後ほど詳しく紹介するヤミ金融やニセの養子縁組など完全に法律に抵触《ていしょく》する非合法な「貧困ビジネス」も存在します。お金のない女性をカモにして、ツケでホストクラブで飲食をさせて、借金漬けにして性風俗店に売り飛ばすといった悪質なビジネスもあります。

直接、貧困層に何かを売りつけるだけでなく、「振り込め詐欺《さぎ》」のような非合法なビジネスを行うにあたって、ホームレスや多重債務者から名義を借りて、他人名義の口座をつくる場合もあります。「振り込め詐欺」の犯人グループがビジネスを円滑に行うには、ホームレスや多重債務者といった人たちの存在が不可欠なのです。

「グレーゾーン」の「貧困ビジネス」や非合法の「貧困ビジネス」は、貧困層が社会的に弱い立場におかれていることを巧みに利用することによって、彼ら・彼女らから絞り取れるだけのお金を搾取してしまいます。

このような「貧困ビジネス」には様々な問題がつきまといます。法律的には何の問題もない合法的な「貧困ビジネス」であっても、短期的な利益を得るために、値段の安さだけを追求すると、商品・サービスの安全性などへの配慮がおろそかになり、結果として消費者に甚大な被害を及ぼすことがあります。今話題になっている「食の安全」などはまさにこうした問題に該当します。

て、所得格差の問題をさらに深刻なものにする可能性をはらんでいます。

また、「グレーゾーン」や非合法の「貧困ビジネス」の場合、貧困層を搾取することを通じ

さらには、貧困層の増加に伴って、「貧困ビジネス」が横行し、それが貧困層を一段と増加させるという負のスパイラルが生じる恐れもあります。

後で詳しくお話ししますが、冒頭で紹介した米国のサブプライムローンの焦げ付き問題も元をただせば、短期的な利益を追求する「貧困ビジネス」が横行していたことが大きな原因のひとつになっていたのです。

あるいは、貧困に陥った人たちが、生活に困った挙句、非合法な「貧困ビジネス」に手を染めるようになる場合もあります。

たとえば、近年では「当たり屋」の被害が増えています。「当たり屋」とは、交通事故にあったようにみせかけて、相手から示談金などをだましとる犯罪です。以前は高額の損害金や示談金を要求するケースが多かったのですが、最近では警察を呼ばないよう、数万円程度の少額を請求する者が多くなっています。

2007年4月には、愛知県名古屋市で、一時停止後に発進しようとした車に自転車の男がわざとぶつかって転倒。ケガをしたとして、車を運転していたサラリーマンから示談金2万円を奪い取るという事件が発生しました。

東京の秋葉原では、割れた陶器を袋に入れたうえ、わざと通行人にぶつかり、「弁償しろ」と言って現金を奪い取る「当たり屋」も出現しています。

リストラなどで生活に困った挙句、「当たり屋」になる人もいて、所得格差の拡大は、詐欺事件などにも影を落としているのです。このまま格差社会が広がっていくと、「当たり屋」の被害も増えることが予想されます。

前置きが少し長くなってしまいましたが、本書では、今の日本でひそかに展開されている様々な「貧困ビジネス」について、その実態を詳しく紹介するとともに、「貧困ビジネス」拡大に伴って生じる負の問題をどのように解決していけばいいか、読者のみなさんと一緒に考えていきたいと思います。

では、早速、第1章に入っていくことにしましょう。

第1章

食いものにされるワーキングプア

たった数日の家賃滞納で鍵を取り替えられた!

第1章では、「貧困ビジネス」の最前線をリポートします。今の日本で人知れず展開されている様々な「貧困ビジネス」の生々しい実態をのぞいていきましょう。低所得層の人たちは、これから紹介する「貧困ビジネス」の横行によって、ただでさえ苦しかった生活がますます貧窮化するようになっています。

最初に「ゼロゼロ物件」のトピックを取り上げてみたいと思います。

山本太郎(仮名、28歳)さんは、北海道の出身です。地元の大学を卒業後、就職先を探して東京に出てきましたが、当時は就職氷河期で多くの企業が新卒採用を抑制していたため、正社員として大手企業に就職することができませんでした。

仕方なく、現在は派遣社員として某メーカーで働いています。毎月の給料が少ないので職場の近くに安いアパートの部屋を借りて、そこに住んでいましたが、数カ月前に契約が切れてしまいました。太郎さんが新しいアパートを探しているとき、偶然、新聞の折り込みチラシに「ゼロゼロ物件」のアパートが紹介されているのが目に止まりました。

「敷金と礼金が要らないみたいだ。家賃も数万円で安いし。早速不動産屋に行って空き部屋があるかどうか確認してみよう」

太郎さんが不動産屋に行って話を聞いてみると、空き部屋がまだ残っているということだったので、すぐに契約を取り交わしました。

新しいアパートに引っ越してから半年がたったある日、太郎さんに、北海道の母親から電話があって、「父親が仕事中に倒れて入院したので、すぐ戻ってきてほしい」との連絡を受けました。

ちょうど毎月の家賃を納める期日と重なっていたのですが、緊急なので、太郎さんはとりあえず着の身着のままで北海道に向かいました。1週間ほどして、父親の容態がよくなってきたので、太郎さんはまた東京に戻ることにしました。

夜遅くアパートに戻って、自分の部屋のドアを開けようとしたところ、奇妙なことに鍵が合わなくなっていました。太郎さんはあわてて何度も鍵を鍵穴に差し込もうとしたのですが、やはり合いません。

どうやら留守中に鍵を取り替えられたようです。太郎さんは、とりあえず、近くのネットカフェで一夜を過ごしました。

翌日、不動産屋に行って事情を話したところ、「ああ、鍵はうちで取り替えさせてもらいました。あなたの家賃の支払いが遅れていたので、とりあえず、部屋に入れないようにしておいたのです」と平然と言い返されてしまいました。

太郎さんが「支払いがわずか数日遅れただけなのに、それでは、あまりにも横暴ではないか！」と文句を言うと、不動産屋の担当者は契約書を持ってきて、「だって、あなたここにサインしたでしょ。契約書をちゃんと読んでくださいよ」と冷たく言われました。契約書をよく読むと、家賃の滞納があった場合、解約ができるといったことが確かに書かれていました。

太郎さんは、不動産業者から数万円の違約金の支払いを要求され、しぶしぶ代金を支払い、新しい部屋の鍵をもらったのです。

「敷金ゼロ、家賃ゼロ」でも儲かる仕組み

いま、首都圏を中心に、太郎さんのような被害にあう低所得層の若者が増えています。読者のみなさんもご承知のとおり、日本では、これまで、賃借人がアパートなどの賃貸住宅に入居する際、毎月支払う家賃とは別に「敷金」や「礼金」を支払うのが慣例となっていました。

「敷金」というのは、賃借人が契約をするときに貸主にあらかじめ支払うお金のことで、入居中に家賃の未払いや延滞、無断転貸などがあった場合に備えて預けておく、いわば保証金のようなものです。一般に「敷金」の相場は、家賃の1～2カ月分と言われています。

一方、「礼金」は、賃貸契約を結んだときに貸主に賃借人がお礼の意味を込めて支払うお金のことです。一般に「礼金」の相場は、家賃の1～2カ月分と言われています。

「敷金」は契約が終了して賃借人が退去するときに返却されますが、「礼金」はあくまでもお礼の意味なので返却されることはありません。

こうした「敷金」や「礼金」の慣習は、欧米諸国にはみられない日本独特の慣習です。

しかし、1990年代に入ってからは、賃貸物件の賃貸借契約の形態が多様化しており、首都圏を中心に「敷金」や「礼金」を無料とする、いわゆる「ゼロゼロ物件」も出てくるようになりました。

「ゼロゼロ物件」が登場した当初は、「敷金」や「礼金」をとらない分、家賃が高めに設定されているというケースが多かったのですが、最近では、「敷金」「礼金」が無料である上、家賃も通常のアパートの家賃とそれほど変わらない賃貸物件も増えています。

「敷金」「礼金」がなく、家賃も通常と変わらない「ゼロゼロ物件」は、非正社員など低収入で不安定な雇用形態で働く若者たちの間で人気を集めています。

近年では、人々の所得格差が広がる中で、住居費すら支払えずネットカフェなどに寝泊りする「ネットカフェ難民」も増えており（厚生労働省の推計では全国で約5400人となっていますが、実際にはさらに多いとみられます）、このような人たちにとって、まとまったお金を支払うことなく入居できる「ゼロゼロ物件」は大きな魅力となっています。

しかし、「ゼロゼロ物件」をめぐっては、現在、様々なトラブルが起きているというのが実情です。

「ゼロゼロ物件」をめぐるトラブルでとくに多いのは、家賃の支払いがわずか1日遅れただけで、不動産業者から高額の違約金をとられるというものです。違約金をとられるまでの流れは、おおむね図表4のようになっています。

たとえば、「ゼロゼロ物件」に入居したAさんは、うっかりして家賃の支払いをせずに、旅行に出かけてしまいました。

旅行から帰って部屋の鍵を開けようとしたら、なぜか鍵が合いません。あわてて不動産業者に問い合わせたところ、家賃の支払いが遅れたので、留守中に部屋の鍵を付け替えたという説明を受けました。Aさんは、家賃滞納ということで数万円の遅延損害金を支払わされたということです。

また、家賃の工面ができずに何日か滞納していると、夜、部屋ですやすや寝ているときに不動産業者が入ってきて、いきなり着の身着のままで部屋を追い出されてしまうというケースもあります。この場合も、家賃滞納ということで、高額の遅延損害金をとられます。家賃を滞納した場合、「消費者契約法」で、遅延損害金にかかる上限金利は年率14・6％と決められていますが、それを超える高額の遅延損害金をとられた人もいます。

このように、一部の「ゼロゼロ物件」では、家賃の支払いが少し遅れただけで、部屋を閉め

図表4 「ゼロゼロ物件」の罠（事例）

低所得層と不動産仲介業者が「ゼロゼロ物件」について契約

↓

家賃の滞納発生

↓

カギを付け替えるなどしてただちに部屋を締め出す

↓

低所得層に滞納に対する違約金を要求

（出所）筆者作成

出され、後で高額の違約金をとられるというトラブルが増えているのです。

なかには、家賃が滞納になることを初めから見越したうえ、高額の違約金をとって収益を上げることを狙う悪質な業者もあると聞きます。

現行の「借地借家法」においては、正当な事由がなければ貸主は賃貸を解約することができないなど、貸主よりも借主を優先的に保護することが規定されています。なぜ貸主よりも借主のほうが優先されるかといえば、それは借主のほうが貸主よりも弱い立場にあるからです。

しかし、「ゼロゼロ物件」では、契約書が、「借地借家法」の適用される賃貸借契約ではなく、「借地借家法」の適用されない「施設付鍵利用契約書」になっていることが少なくありません。

低所得層の若者たちは、安さを売りにした「ゼロゼロ物件」にすぐに飛びつく傾向があるのですが、アパートに入居する際には、「敷金」「礼金」がない、家賃が安いからといって、すぐに飛びつかず、あらかじめ契約書をよく確認したうえで、賃貸借契約を結ぶ必要があるといえるでしょう。

こうした状況下、２００８年10月8日には、「ゼロゼロ物件」で部屋を借りていた5人が、家賃の支払いがわずかに遅れただけで、部屋を閉め出されたうえ、高い違約金を支払わされたのは違法だとして、東京地方裁判所で、不動産会社「スマイルサービス」に損害賠償を求める裁判を起こしました。

裁判を起こした1人は、派遣社員の男性で、家賃の支払いが遅れるたびに違約金を要求され、合計14回で約27万円を払わされたそうです。そのたびに鍵を交換されたため、鍵の交換回数も14回に上りました。

さらに最近では、家賃保証会社が「ゼロゼロ物件」を紹介する不動産会社と似た手口で部屋の鍵を付け替え、入居者を追い出す事例が増えています。

一般に、低所得層の人たちは連帯保証人をつけることが難しいため、不動産会社に家賃保証会社を紹介してもらい、家賃保証会社が入居者との間で連帯保証人になる契約を結びます。連帯保証人になった家賃保証会社は、入居者が家賃を滞納した場合、それを肩代わりしてくれます。

しかし、後になって家賃保証会社が法外な違約金を請求し、それが支払えないと入居者を強引に部屋から追い出してしまうことが問題になっています。家賃保証会社と入居者が結ぶのは保証契約で賃貸借契約ではないため、借地借家法が適用されず、入居者はすぐに部屋を明け渡さなくてはならなくなります。

このように不動産会社や家賃保証会社が入居者を強引に追い出すことは言語道断で許せない行為です。

ただ、家賃を決められた期日までにきちんと支払ってさえいれば、そもそも鍵を交換されたり、部屋を追い出されるなどのトラブルに見舞われることはないわけですから、「家賃を滞納した」という事実だけを取り出して、その是非を問えば、どのような事情があるにせよ、借り手の側にも少なからず責任はあるといえます。

新規参入が相次ぐ「保証人ビジネス」

貧困層の増加に伴って、新たに登場するようになったもうひとつの「貧困ビジネス」がいわゆる「保証人ビジネス」です。「保証人ビジネス」は、保証人をつけたい人（依頼主）と保証人になってくれる人をマッチングさせるビジネスです。保証人を紹介することによって手数料を稼ぎます。

一般に、低所得層の人たちは、各種のローン契約や賃貸住宅入居の契約などをするにあたって、保証人を見つけることが難しいという問題があります。自分の親に連帯保証人になってもらおうとしても、会社を退職して年金生活に入っている場合は、連帯保証人としては認めてもらえません。そこに目をつけたのが「保証人ビジネス」の提供業者です。

保証人提供業者は、インターネットのサイトなどを通じて保証人をつけてもらいたい人（依頼主）と、保証人になってくれる人を募集します。

依頼主は、保証人をつけてもらう見返りに決められた手数料を払います。依頼主が払う手数料を保証人提供業者と保証人になった人で分けるという仕組みになっています。

この手数料の相場がどれぐらいになっているかというと、賃貸住宅入居の保証では、おおむね家賃の3割程度です。各種ローンの連帯保証では融資額の1割程度が手数料となります。また、就職の身元保証の場合は1万円程度です。

初期投資費用が少なくてすむうえ、貧困層の拡大によって依頼主の数が増えていることから、ここ数年の間に、「保証人ビジネス」を立ち上げる業者の数が急増するようになりました。また多くの人が、小遣い稼ぎの感覚で、保証人として参加するようにもなっています。複数の依頼人の保証人になって月数十万円を稼いでいる人もいます。ただ、業者の乱立で競争が激しくなってきたため、手数料には下落圧力がかかっています。

「保証人ビジネス」には何の問題もないように見えますが、実際には、「保証人ビジネス」をめぐって、様々なトラブルが起きているというのが実情です。たとえば、国民生活センターのデータベースで保証サービスに関する相談件数の推移をみると、2003年度の97件から2007年度には273件へと2・8倍に膨らんでいます（図表5）。

トラブルのなかで多いのは、依頼主が保証人をつけてもらうために、保証人提供業者に手数料を払ったのに、保証人が紹介されなかったというものです。手数料の返還を要求しても、返金には応じてくれません。

また、保証人になった人が被害にあうケースも増えています。「保証人ビジネス」では、依頼主が債務を返済できなくなった場合、保証人提供業者が、債務を肩代わりすることをうたっています。しかし、一部の業者は、債務の肩代わりをせず、結局、保証人として登録をした人が、債務の肩代わりをさせられています。数百万円もの大金を支払わされた人もいます。さらには、保証人となった人の個人情報が保証人提供業者によって転売されるといった問題も出ています。

トラブルが相次ぐなかで、一部の「保証人ビジネス」は、「貧困層を食いものにしている」と批判されるようになっています。

図表5｜保証サービスに関する消費者の相談件数

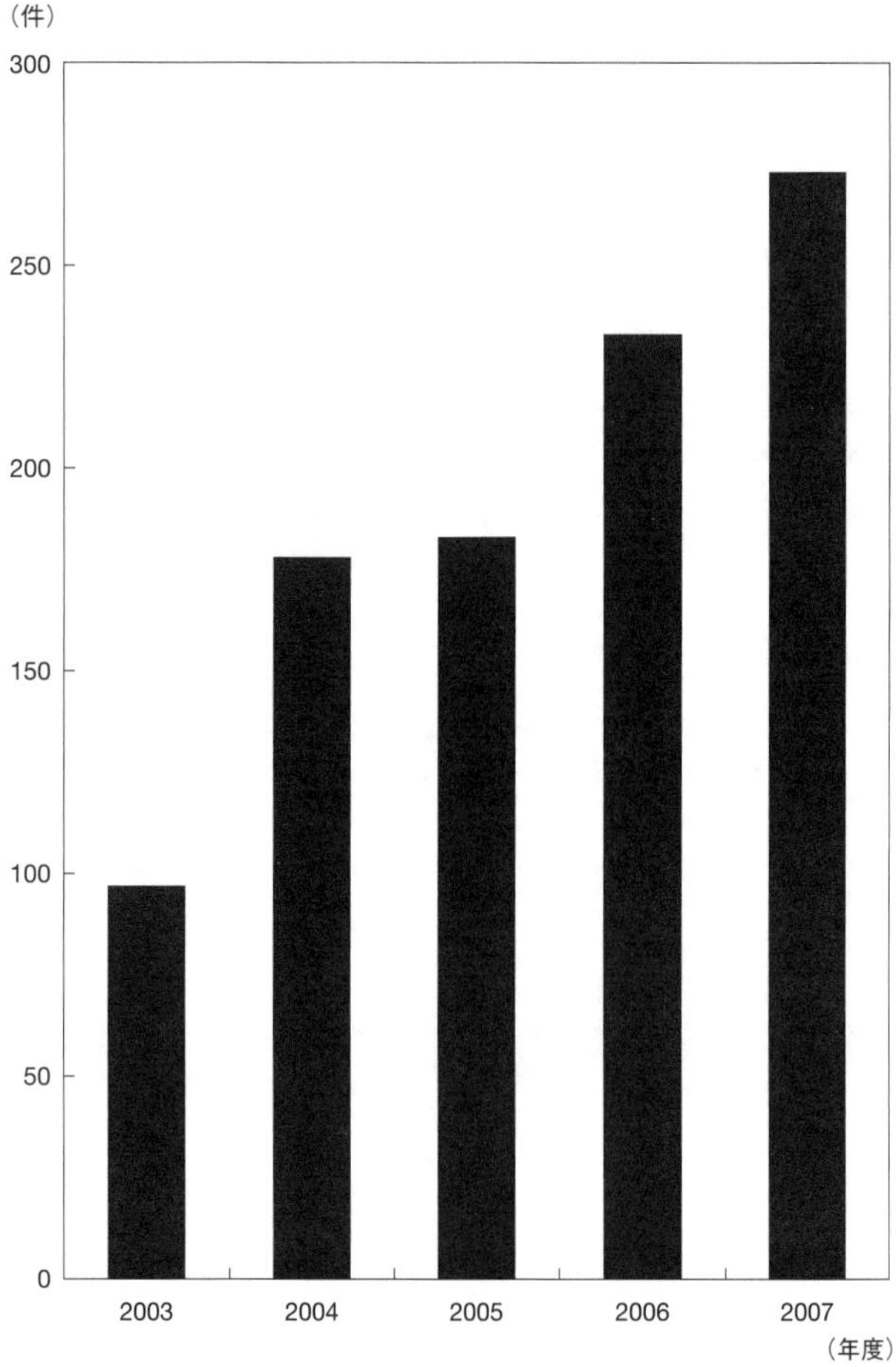

（出所）国民生活センター資料より作成

ホストクラブの常連客が気づけばソープランド嬢

続いて紹介する「貧困ビジネス」は、お金のない人や金銭感覚のない人、多重債務を抱えた人に近づいて、なんらかの快楽をあらかじめ与えて病みつきにさせ、後からその快楽に対する法外な対価を要求し、お金が払えないと、アンダーグラウンドのビジネスで働かせてしまうという恐ろしいビジネスです。これは法律的には「グレーゾーン」ではなく、完全に非合法な「貧困ビジネス」といえます。

この手のビジネスの具体的な事例を挙げると、たとえばホストクラブの従業員が、客として店を訪れる女性を性風俗店で働かせるといったことがあります。このビジネスは、すでに1990年代から存在していたものですが、ホストクラブが乱立するようになった2000年代以降、目立って増えるようになりました。ホストクラブ同士の競争が激しくなっているため、本業以外のところで利益を上げようというインセンティブが働き、ホストクラブを訪れる女性客を風俗店に売り飛ばすビジネスに手を染めるようになったという事情があります。警察当局に摘発されるケースも増えています。まず、ひとつのエピソードを紹介しましょう。

三宅裕子（仮名、17歳）さんは、都内の某女子高校に通っています。裕子さんは遊ぶことが大好きで、「プチ家出」（ケータイを片手に2〜3日から1週間といった短期間、無断外泊して家に帰らないこと）をすることが結構あります。

ある年の夏休み、裕子さんはいつものように「プチ家出」をして、１週間ぐらい渋谷で遊び歩いていました。夜遅く、１人でゲームセンターで遊んでいると、見知らぬ男が声をかけてきました。

「ねえ、何してんの？　オレ、近くのホストクラブで働いているんだけど、暇だったら遊びに来ない？」

裕子さんは、お金がないからと言って断りましたが、男は「ツケで飲んでも大丈夫だからさ、一回来てみなよ、面白いから」と強引に店に誘います。

結局、好奇心旺盛な裕子さんは誘惑に負けて、その男が働いているホストクラブに行ってみることにしました。ホストクラブは裕子さんにとって初めての経験でしたが、想像していた以上に楽しいところでした。たくさんのイケメン男性に囲まれてチヤホヤされて、まるで女王様になったような気分でした。

裕子さんは、それ以来、ホストクラブに毎日のように通うようになり、ツケで飲食を繰り返しました。

ある日の夜、裕子さんがいつものようにホストクラブを訪れると、最初に裕子さんに声をかけて誘ってきたホストの男性が怖い顔をして店の前に立っています。

男は「いつもツケで飲んでるけど、いま借金どれぐらいになっているか知ってるのか？ 300万円だぞ！」と言ってきました。

裕子さんがびっくりして、そんなお金は払えないと言うと、「今すぐに300万円返してもらわないと困るんだよな。どうしても返せないというなら、働いて返してもらうけど、それでもいいのか」とすごんできました。

裕子さんは、仕方なく働いてお金を返すことに同意しました。男は仕事先を紹介するといって、裕子さんを車に乗せて、近くの繁華街に連れて行きました。車が止まったところは、ソープランドの前でした。裕子さんは、このとき初めて自分がソープランドで働かされる、売春をさせられるということに気がついたのです。

ここで、ホストクラブの従業員が、客として店を訪れる女性を性風俗店で働かせる際の具体的な手口を紹介しておきましょう。女性が性風俗店で強制的に働かされるまでの流れは図表6に示したとおりです。

まずホストクラブの従業員は、強引な客引きを行います。強引に勧誘された人の中には、先ほど紹介した裕子さんのように家出中の少女なども含まれています。

誘惑に負けて女性客がホストクラブに来ると、最初はツケで飲食をさせます。そのうちに、

図表6｜家出少女が売春をさせられるまでの流れ

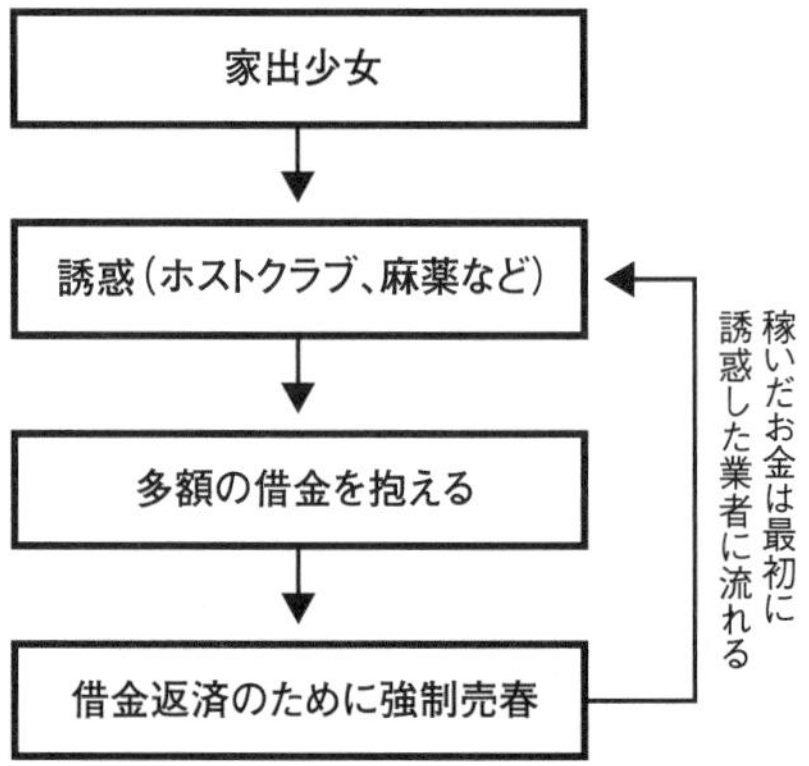
家出少女
誘惑（ホストクラブ、麻薬など）
多額の借金を抱える
借金返済のために強制売春
稼いだお金は最初に誘惑した業者に流れる

（出所）筆者作成

女性客はホストクラブの虜《とりこ》になって、ツケで飲食を繰り返すようになります。ふと気がついたときには、自分の支払い能力を超えたたくさんの借金を抱えるようになっているのです。

すると、それまで親切だったホストクラブの従業員は豹変して、いままでのツケを全部支払うように女性客に要求してきます。家出少女などは、もともとお金をほとんど持っていないので、このような大金を支払うことは到底できません。ある日突然、天国から「借金地獄」へと転落してしまうのです。

そこで、ホストクラブの従業員は女性客に、「お金を払えないなら、働いて借金を返済してもらわなくてはならない」とすごんで、女性客を、ソープランドやホテトルをはじめとする性風俗店の従業員として斡旋《あっせん》します。お金のない女性は、借金返済のために仕方なく性風俗店で働くようになります。

ホストクラブの従業員は、女性がソープランドやホテトルで働いて稼いだお金を搾取するとともに、性風俗店に女性を斡旋したことによる紹介料を受け取っていたりもするのです。

実際の事件では、たとえば2004年5月には、兵庫県のホストクラブ経営者が、ホストクラブの飲食代400万～800万円を支払えなくなった少女2人を合計1000万円で性風俗店に斡旋し、売春をさせていたとして逮捕されました。

借金を背負わせて女性の身の自由を奪い、強制的に性風俗店で働かせて、その報酬を奪いとるわけですから、これは古代ローマ帝国で採用されていた奴隷制度に似ているといってもいいでしょう。

いや、古代ローマでは優秀な奴隷は解放されていたので、いつまでも性風俗店で強制労働をさせられる女性はそれよりひどい状態といえるかもしれません。

また、地方から出てきた貧しい女性に、常習性のある覚せい剤などの違法ドラッグを与えて麻薬漬けにしてしまい、売春をさせるという悪質な「貧困ビジネス」もあります。

米国では、マフィアがこの方法を使って、たくさんの女性を売春婦として働かせているといわれます。

実際、売春と麻薬の関係を研究したゴールドスタイン（Goldstein, Paul J.）は、米国の売春婦の7割程度はなんらかの形で違法ドラッグに手を染めているとの調査報告をしています。ロサンゼルスやニューヨークなどの大都市では、女優になることを夢見てたくさんの若い女性が集まってきますが、そうした女性たちの多くが、マフィアによって麻薬漬けにされてしまい、麻薬に依存した生活を送るようになります。

ヘロインやコカインを常用するようになると、ドラッグを入手するために膨大なお金が必要になり、手っ取り早くお金が稼げるという理由で売春婦となっていくのです。なかには、ドラッグの代金を支払うために自分の子供を売春宿に売り飛ばすような心ない母親もいます。1995年には、米国のデトロイトで、コカインの代金約1000ドルを支払えなくなった黒人女性が、自分の子供（少年）を売春宿に売り飛ばすという事件が発生しました。この少年は売り飛ばされた売春宿で麻薬漬けにされ、ドラッグの密売や男娼の仕事をさせられていたということです。

ただし、高級娼婦の場合には少し事情が異なってきます。高級娼婦はヘロインなどよりは、バルビツール（催眠剤）やアンフェタミン（覚せい剤）を乱用することが多く、大抵はこれらの薬物を売春の仕事に手を染めてから用いるようになります。ドラッグをストレス解消の手段として利用しているのです。

善意をよそおい、ホームレスからもピンハネ

次に紹介するのは、社会的に弱い立場におかれているホームレスの人たちを利用した「貧困ビジネス」です。

厚生労働省の調査によると、2007年時点で全国のホームレスは1万8564人に上ります。2003年時点（2万5296人）と比べると、ホームレスの数は減少していますが、最近では若者を中心に「ネットカフェ難民」が増えてきており、実態としては貧困の問題はむしろ深刻化しているといえるのではないでしょうか。

そうした状況下、貧困生活を余儀なくされているホームレスの人たちを巧みに利用して、ビジネス展開する悪質な業者が出てきています。

たとえば、2000年代に入ってからは、50代や60代といった高齢のホームレスの人たちに生活保護の受給を申請させて、彼らが受け取った生活保護費をピンハネしてしまうといった「貧困ビジネス」が横行しています。

ホームレスの人たちは、基本的に野宿をしていて住所不定のため、たとえ生活保護の受給を申請しても、行政側から受給の対象として認定されにくいという問題があるのです。

ホームレスが生活保護を受けづらいという状況に目をつけた個人や団体は、善意のボランティアを装って、ホームレスに声をかけ、アパートの部屋や食事などを提供してやります。

住所が決まって生活が落ち着いたところで、ホームレスに生活保護を申請させます。働けないことを証明するために、アルコール依存症にかかっているように見せかけることもあると聞きます。

そして無事行政側の審査が通って、福祉事務所から保護費が支給されるようになると、保護費の大半を、住居を提供した団体がピンハネしてしまうという仕組みです。生活扶助費として支給されるのは、高齢者単身者世帯（68歳）の場合、東京都区部で毎月8万820円となっています（2008年度の基準）。

ピンハネは、保護費を一括徴収したうえで、その一部を生活保護受給者に生活費として手渡すという形で行われます。ピンハネによって、ホームレスの人たちが実際に受け取る保護費は、毎月数千円程度になってしまうこともあります。

第三者による保護費の一括徴収に生活保護受給者本人が同意している場合、その違法性を問うことは難しくなりますが、一部の悪質な団体や個人は摘発されています。

たとえば、2006年には、大阪で生活保護費のピンハネをしていた元会社経営者が摘発されました。この団体は、2005年5月から12月にかけて、大阪市生野区や東大阪市にいた50代〜60代のホームレス数人をアパートに住まわせて、生活保護費（合計約494万円）をだまし取っていたということです。

ただ、全国のあちこちで似たようなビジネスが横行しており、これまでに摘発された個人・団体は全体からみれば氷山の一角にすぎません。

貧困に陥っている人たちを利用して、それをお金儲けの道具にするというのは非常に悪質といえますが、一方で、こうした個人・団体の存在が、ホームレスの人たちの生活の改善につながっているのも間違いのない事実です。

実際、アパートの敷金などが払えないホームレスの人たちは、何かのきっかけがなければ、いつまでたっても野宿の生活から抜け出すことはできないし、生活保護を受ける資格があっても保護の対象になることができません。

結局、ホームレスに対する行政側の支援策が十分ではないので、それをビジネスチャンスととらえた個人や団体が付け込んでくるといった社会構造になっているといえるのではないでしょうか。

多重債務者にニセの養子縁組をさせる「リセット屋」

多重債務者や自己破産者は、様々な「貧困ビジネス」に利用されています。たとえば、多重債務者や自己破産者にニセの養子縁組などをさせて、金融機関から巨額の融資を引き出し、融資額の大半を搾取してしまうといった手口の「貧困ビジネス」があります。こうした手口は、

図表7｜リセット屋のビジネスモデル

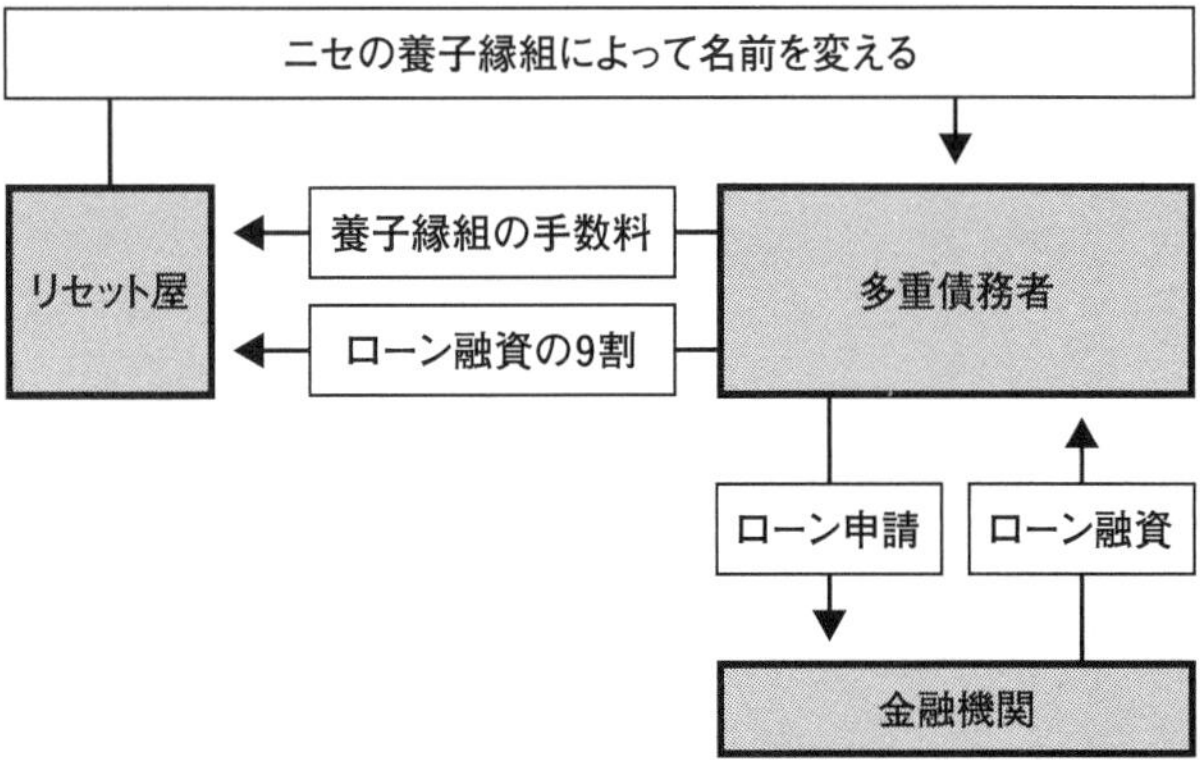

（出所）筆者作成

多重債務者の過去を消し去るという意味を込めて「リセット屋」などと呼ばれています。そのビジネスモデルは図表7に示したとおりです。

　どういう手口になっているかというと、一般に、多額の借金や多重債務を抱えた人たち、あるいは自己破産をした人たちは、金融機関のブラックリストに名前が載っているため、金融機関に融資を申請しても、そのままでは審査を通過することはできません。

　そこで「リセット屋」が出てくることになります。「リセット屋」は、自己破産をしたり、多重債務などを抱えて資金繰りに困っている人たちを集めて、彼らにニセの養子縁組をさせます。

　養子縁組をすると、苗字《みょうじ》が変わって別人になれるため、そこで多重債務の履歴がいったん「リセット」されることになり（信用情報が抹消される)、金融機関から新たに住宅ローンや自動車ローンなどの名目で融資を引き出すことができるようになるのです。「リセット屋」という名称は、こうした事情によってつけられています。

多重債務者を養子縁組させるにあたっては、ホームレスから戸籍を買いとったうえ、多重債務者を、買い取った戸籍に入れて、架空の人物になりすますといった場合もあります。

日本の現行の養子制度の下では、未成年が養子縁組をする場合には家庭裁判所の許可が必要なのですが、成人の場合には、申請書と戸籍謄本《とうほん》、それに証人2人がそろっていれば、簡単に養子縁組ができてしまいます。

厳しい審査がなく(基本的に自治体は養子縁組の申請者にその意思があるかどうかの確認をしません)、また同一人物が何度でも繰り返し養子縁組ができるので、「リセット屋」のビジネスはそうした制度の仕組みを巧みに利用した悪質な手口といえるでしょう。

2005年に警察当局によって摘発された、ある「リセット屋」の場合、200人もの多重債務者を会員として登録させていました。

会員となった多重債務の人たちが金融機関から不正に引き出した融資金の9割近くを、手数料としてピンハネ・搾取していたということです。

たくさんの借金を抱え込んで日々の生活に困っている人たちは、自分たちが犯罪に加担し、得られた融資金の9割近くを搾取されても、残りの1割が生活費になるのでかまわないと考えていました。それだけ彼ら・彼女らの生活が切羽詰まった厳しい状況にあったということです。金融庁の資料によると、多重債務者は、1人あたり100万円程度の借金を常時抱えています。なお、200人の多重債務者は「口コミ」でリセット屋の存在を知って集まってきたそうです。

このリセット屋は、会員となるための入会金として5万円をとっていたほか、養子縁組を仲介する際にも、手数料として30万円程度をとっていました。

このように不正な融資の引き出しに、養子制度が悪用される事例が増えていることから、全国の自治体や一部の有識者の間では、現行の養子制度を見直すべきとの声も上がっています。

悪徳不動産屋による日本版サブプライムローン

一部の悪徳不動産会社も、短期的な利益を得るために、自社の物件を貧困層に売りつけるといった「貧困ビジネス」に手を染めています。

通常、住宅をはじめとする高額の買い物をするのは富裕層の人たちですが、悪徳不動産会社は、わざと貧困層に狙いを定めて住宅を販売します。ひとつのエピソードを紹介しておきましょう。

高橋信夫（仮名）さん、明子（仮名）さん夫妻は借家に住んでいます。この夫婦の長年の夢はマイホームを手に入れることでした。ただ、中小企業で働いている信夫さんの年収は300万円程度で、貯金もほとんどありません。マイホームの購入は夢のまた夢だったのです。

ところが、ある日、新聞の折り込みチラシに、高橋さん夫妻でもちょっと背伸びをすれば手に入りそうな中古の物件が掲載されていました。

高橋さん夫妻は、早速、この物件を取り扱っている不動産屋を訪ねてみました。不動産屋に相談したところ、「頭金ゼロ円だと、今の収入では、35年ローンでも融資審査をクリアできないかも知れない。だけど、安心してください。こちらが協力して、収入を水増しして所得証明書を出してあげます」と言われました。

高橋さん夫妻は、「え、それは違法行為ではないんですか」と聞いたところ、不動産屋は「じゃあ、マイホームの夢はかないませんねえ。収入を水増ししたって絶対バレないから大丈夫ですよ」と言ってきました。

高橋さん夫妻はマイホームが手に入るという誘惑に負けて、不動産屋に収入を水増しする源泉徴収票を作ってもらいました。

ドキドキしながらも、銀行に行って所得証明書を出したところ、無事、融資が出ることが決まりました。高橋さん夫妻は晴れてマイホームを手に入れることができたのです。

しかし、半年ほどたつと、住宅ローンの支払い負担が重くのしかかってきました。もともと少ない収入を水増ししてローンを組んだのですから、支払いが苦しくなるのは当然のことです。最終的に、高橋さん夫妻は、どう頑張っても住宅ローンの返済ができない状態となり、せっかく手に入れたマイホームは差し押さえられてしまいました。

悪徳不動産会社が、収入の少ない人や多重債務者に自社物件を販売する具体的な手口はおおむね次のとおりとなっています。

まず、収入の少ない人たちや多重債務を抱えている人たちは、住宅ローン制度を利用して住宅を購入しようとしても、そのままでは融資審査を通過することができません。そこで不動産会社は、住宅ローンの融資が得られるように顧客の収入を水増ししたニセの源泉徴収票を作成してやります。

顧客はニセの源泉徴収票をもとに市役所で所得の修正申告をして、市役所から虚偽の金額が記された所得証明書を発行してもらいます。

過去に三重県で摘発された悪徳不動産会社の場合、市役所の税務課が所得証明書を発行し、市民課がそれに公印を押すという流れになっていたため、税務課が所得証明書を発行したところで、その書類を一度持ち帰り、収入額の数字を書き換えたうえで、市民課に持ち込み公印を押してもらっていたということです。

さて、偽造書類をひととおりそろえ終わると、それを持って顧客と銀行に行き、住宅ローン借入申請書類を提出します。所得証明書の書類には公印が押されているので、金融機関の融資担当が、それが虚偽のものであると見抜くのは非常に難しいのです。

住宅ローンを組み終わった後になって、「ワーキングプア」やそれに近い状態の住宅購入者が住宅ローンの返済に支障をきたすようになっても（もともと無理なローンを組んでいるのですから、支障をきたすようになるのは当然です）、不動産会社はいっさいノータッチです。不動産会社にしてみれば、自社の物件を販売して、売り上げを計上してしまえば、それで終わりですから、後は知らんぷりということになるのです。

住宅ローン審査を通過するために、偽造書類を作っていることは顧客も知っていることなので、（共同正犯になるため）法廷に訴えることもできません。

それどころか、住宅ローン審査を通過させてやったという名目で、顧客から手数料をとる悪徳業者もいます。

貧困層に売りつける物件についても、過去に自殺のあった物件など評価が低い不動産をわざと選び、その評価金額を高めに水増しして販売、高額の住宅ローン融資を受けさせることがあります。

悪徳不動産会社の具体的な事例を挙げると、２００８年10月には、千葉県の不動産会社が住宅ローン融資の詐欺で警察当局に摘発されました。

この不動産会社は、収入を水増しするなどの手口で、収入が少ない人たちばかりを狙って住宅ローンの融資を受けさせていました。住宅ローン融資額のほとんどは金融機関に返済されていないということです。

2004年頃からこれまでに千葉県在住の顧客約40人にニセの住宅ローンを組ませて、自分たちが取り扱っている物件を販売していました。住宅ローン融資の総額は約10億円にも上るそうです。

なお、後ほど詳しく紹介する米国のサブプライムローンの焦げ付き問題でも、その背後では悪徳不動産仲介業者が暗躍していました。悪徳不動産業者が、インチキをして低所得層に無理矢理住宅を販売したことが、サブプライムローンが焦げ付いて、世界的な金融危機を招くきっかけのひとつになったのです。

グルになって出資法の裏をかくヤミ金とレンタル店

全国で100万人近くに上るとされる多重債務者（消費者金融業者などから5件以上の借り入れをしている人）を狙ったヤミ金融が横行しています。2003年に「ヤミ金融対策法」が施行されてから、ヤミ金融の被害は減ったといわれていますが、実際には姿を少しずつ変えて、いまだに暗躍しているのです。

ヤミ金融には様々な手口があるのですが、最近では、「押し貸し」という手口が増えています。「押し貸し」というのは「押し売り」のようなもので、多重債務者をターゲットにして、その人が融資の依頼をしていないにもかかわらず、勝手に多重債務者の銀行口座に現金を振り込んでしまいます。お金を振り込んだ後で、携帯電話を使って多重債務者に連絡、脅迫的に利息と元本の返済を要求します。利息が法定金利を大幅に上回っていることは言うまでもありません。

ある多重債務者は、ある日突然、全く知らない貸金業者から銀行口座に10万円が振り込まれていたので、問い合わせたところ、「こっちは融資の申し込みを受けているから振り込んだ!」と強く主張されて、仕方なく元本と利息を合わせて15万円を支払ったといいます。

では、なぜヤミ金融業者は、多重債務者の銀行口座や住所、連絡先などを知っているのでしょうか。

これは、名簿業者が多重債務者のリストをこっそりヤミ金融業者に売っているからです。一度でもヤミ金融を利用すると、そこから銀行口座や住所、連絡先などが漏れて、ほかのヤミ金融業者にも情報が流れてしまうのです。

さらには、「出資法」の金利規制を逃れるために、レンタル形式で取り立てを行うヤミ金融業者も出てくるようになりました。このビジネスモデルは法律の隙間をついた非常に巧妙な手口となっています。ビジネスの流れは、図表8に示したようになっています。

ヤミ金融業者は、まず大阪や東京といった大都市の繁華街に高級時計や貴金属を取り扱うレンタル店を出します。多重債務者がレンタル店を訪れると、1日あたり3000円程度の値段で、カルティエ、ロレックスといった高級時計をレンタルします。レンタルする際には、この時計を質草にして近くの質屋でお金が借りられることを示唆します。実は、この質屋はレンタル店とグルになっています。多重債務者はなぜ一見何の変哲もないレンタル店を訪れるかといえば、レンタル店が新聞の折り込みチラシなどでお金が借りられることを示唆する微妙な文言を入れておくからです。

多重債務者が質屋を訪れて、高級時計を質入れしてお金の借り入れを申し込むと、レンタル店とグルになっている質屋は10万円程度のお金を貸してやります。

すると、多重債務者は、レンタル店に対しては毎日3000円のレンタル料を支払っていくことになります。また、質屋からは時計を担保にお金を借りているので、質屋に対しても法外な利息を支払っていかなくてはなりません。つまりは、二重の取り立てに苦しむことになるのです。

ここで注意する必要があるのは、質屋は貸金業者とは異なるという点です。貸金業者の場合

図表8　高級時計のレンタル店を隠れ蓑にしたヤミ金融の仕組み

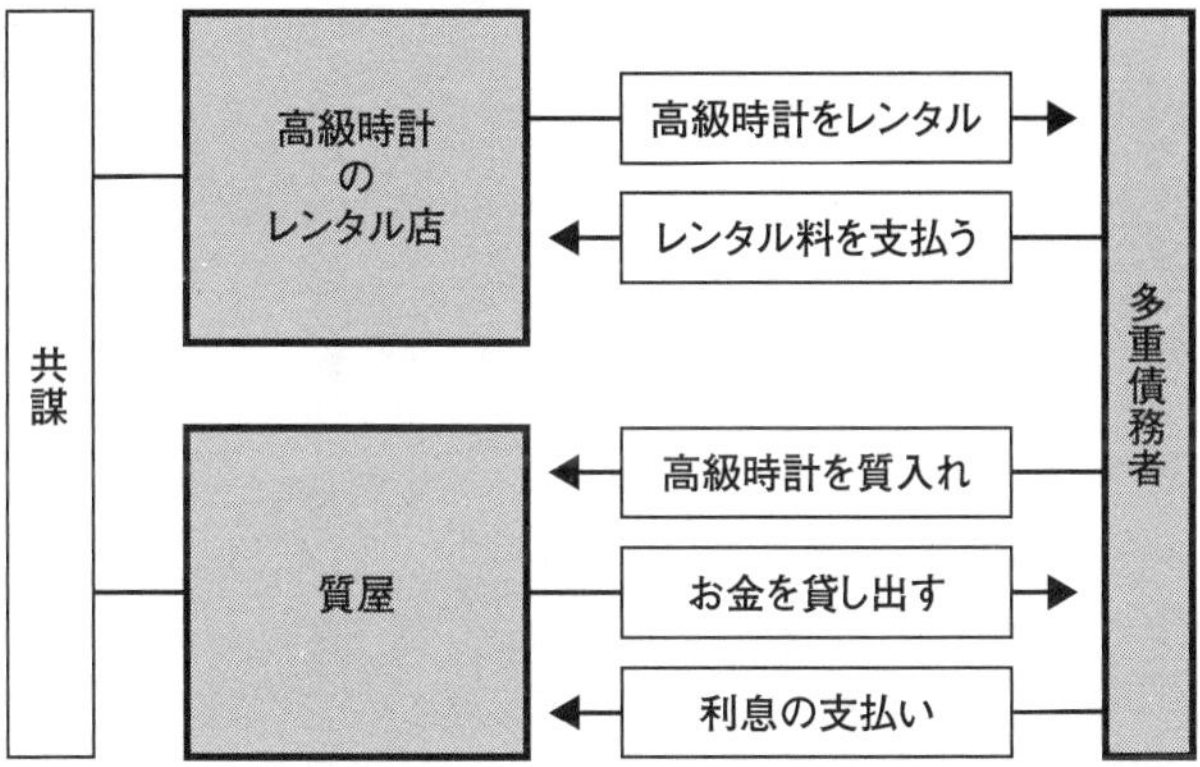

（出所）筆者作成

には、「出資法」の上限金利（年利29・2％）が適用されますが、質屋の場合には、「質屋営業法」に基づいて、最大で年利109・5％の利息を合法的にとることができてしまうのです。

では、仮に多重債務者が利息の返済をすることができなくなって、高級時計が質流れしてしまった場合はどうなるのでしょうか。その場合、レンタル店は、多重債務者に対して高級時計の賠償金の支払いを要求してお金を取り立てます。レンタルする高級時計が安いニセモノの場合もあるのですが、多重債務者に弁償させる場合には、本物の時計の値段を提示します。

このビジネスモデルでは、レンタル店、質屋それぞれが単独に行っているビジネスを見る限り、そこに違法性は存在しません。合法的に多重債務者から暴利をむさぼることができてしまうところに恐ろしさがあります。

2008年2月には神戸地方裁判所で、このビジネスモデルはレンタル契約ではなく、実質的な金銭消費貸借契約にあたるとして、違法性が認定されました。

多重債務者・自己破産者リストで儲ける「名簿業者」

多重債務者や自己破産者が、ヤミ金融の罠《わな》に陥るきっかけは様々ですが、一番多いのはヤミ金融業者から送られてくる一通のダイレクトメール（DM）です。DMを使った宣伝や勧誘がきっかけとなって、多重債務者がヤミ金融の地獄に落ちていきます。

しかし、ここでひとつの疑問が湧いてきます。ヤミ金融業者はDMの送り先である多重債務者の個人情報をいったいどこで手に入れているのでしょうか。多くの場合、多重債務者や自己破産者の人たちは、DMを送ってくるヤミ金融業者とは、それまでに何の接点もないのです。

実は、ヤミ金融業者の多くは「名簿業者」から多重債務者や自己破産者のリストを入手しています。

では、その「名簿業者」は、多重債務者と自己破産者のリストをどのような手段で入手しているのでしょうか。

実は、消費者金融会社を退職した元社員や、倒産してしまった中小の消費者金融会社などが多重債務者のリストをこっそり持ち出して「名簿業者」に売り飛ばしています。2003年6月に摘発されたある名簿業者は、消費者金融から流出したとみられる約9万人分のリストを所有、そのリストには多数の多重債務者の個人情報が含まれていました。

「名簿業者」は様々なルートから多重債務者や自己破産者の個人情報を買い取り、それをデータベースにして、ヤミ金融業者により高い値段で転売しているのです。

ヤミ金融業者にとって利用価値の高い多重債務者のリストは、大学の卒業生名簿などに比べて高値で取引されており、1件あたり200〜300円の値段がつくこともあります。もちろん、ヤミ金融業者が名簿業者からリストを買い取る際には、データの内容が本物であるかどうかを確かめるために、サンプルテストが行われています。

ヤミ金融業者と多重債務者の情報を流す「名簿業者」は表裏一体の関係にあります。つまり、ヤミ金融業者だけでなく、ヤミ金融業者に情報を流している「名簿業者」も間接的に多重債務者や自己破産者を苦しめている、あるいは搾取しているということです。

2005年4月には「個人情報保護法」が全面施行されましたが、名簿の売買自体が規制を受けるわけではありません。たとえ「個人情報保護法」に抵触する場合であっても、罰則が軽いため、「名簿業者」の多くは廃業することなく、現在もヤミ金融業者などに多重債務者や自己破産者のリストを高値で売り続けています。

ヤミ金融の拡大に歯止めをかけるには、その前段階として、名簿を売買するビジネスにもっと規制の網をかけていくべきではないでしょうか。

搾取に手を貸す弁護士まで登場

たくさんの借金を抱えた多重債務者にターゲットを定めて群がってくるのは、ヤミ金融業者だけではありません。「紹介屋」と呼ばれる業者も、多重債務者からお金を絞り取ることを狙っています。

「紹介屋」とは、いったいどのようなビジネスなのでしょうか。「紹介屋」は、貸金業者などが本業で、弁護士の資格を持っていないのに、借金で悩んでいる多重債務者に近づいて弁護士に紹介してやり、その紹介料として法外な料金を多重債務者に要求してくる業者のことです。

多重債務者に、「相談は無料」などとうたったDMを送って、自分たちのところに相談してくるように誘導します。そして、多重債務者が相談にくると、「いい弁護士を知っている」といって弁護士に債務整理の仕事を紹介するのです。

「弁護士法」72条は、弁護士資格を持たない人が、報酬目的で法律事務に関わることを「非弁護士活動（非弁活動）」として禁止しています。また、弁護士が弁護士の資格を持っていない人から、法律事務の仕事を斡旋してもらうことも禁止されています。

ですから、「紹介屋」や「紹介屋」から債務整理の仕事をもらっている弁護士は、弁護士法違反ということになります。

2006年に大阪で摘発された事例では、「紹介屋」が依頼者から50万円の謝礼を受け取り、そのうち10万円が弁護士の手に渡っていたということです。

もうひとつ、債務整理に関しては「整理屋」と呼ばれる業者の存在も知られています。「整理屋」は、弁護士の資格を持っていないにもかかわらず、報酬目的で多重債務者の依頼を受け、多重債務者の抱える借金をひとつにまとめるために債権者と交渉をします。債務整理は弁護士資格がないとできないものなので、弁護士資格のない「整理屋」は当然違法です。自分では債務整理の仕事をせずに、「整理屋」に名義だけを貸し出す「提携弁護士」もいます。「提携弁護士」は「整理屋」から顧問料を受け取っています。中には、「整理屋」から毎月100万円もの顧問料をもらっていた弁護士もいます。こうした「提携弁護士」も、弁護士法に違反する行為であることはいうまでもないでしょう。

1990年代後半以降、「整理屋」に名義を貸す「提携弁護士」の数が増えるようになったといわれています。では、なぜ提携弁護士が増えてきたのでしょうか？　背景には、1990年代後半以降、多重債務者が激増したということがあります。多重債務者が増えると、当然のことながら、弁護士に対する債務整理依頼も増加することになります。しかし、債務整理の仕事は、弁護士が行うたくさんの業務のなかでは、地味で「労多くして利益が少ない」という特徴があります。このため、一部の心ない弁護士の間で、貸金業者との交渉など面倒な業務を引き受けてくれる「紹介屋」や「整理屋」に安易に仕事を任せてしまうといった風潮が出てくることになるのです。

しかも、「整理屋」は、債務整理の対価として、多重債務者に通常では考えられないような法外な金額を要求してきます。多額の報酬をもらっておきながら債務整理に手をつけなかったり、あるいは債務整理によって得られた還付金を依頼者に渡さない悪質な「整理屋」もいます。

このように多重債務者の人たちは相談先を間違えると、「紹介屋」や「整理屋」の餌食《えじき》となって、借金の悩みを解決してもらうどころか、さらに状況が悪くなってしまうこともあります。悪質な「紹介屋」や「整理屋」にひっかからないよう、くれぐれも注意するようにしましょう。一番安全なのは「弁護士会」に相談することです。

知らないうちに「振り込め詐欺」にも加担

今度は「振り込め詐欺」と「貧困ビジネス」の関係について考えてみましょう。虚偽の電話をして現金を振り込ませる「振り込め詐欺」（オレオレ詐欺＋架空請求詐欺＋融資保証金詐欺＋還付金等詐欺）の被害が拡大しています。

警察庁の発表によると、2008年1〜8月期における「振り込め詐欺」の被害件数は1万5301件、被害総額は約214億円にも上りました。2008年1〜8月期の被害金額を年に換算すると約321億円になり、過去最高の被害金額になるとみられます(図表9)。

これだけ世の中で騒がれていて、警察当局が注意を喚起しているにもかかわらず、なぜ「振り込め詐欺」の被害が相次ぐのでしょうか。

背景のひとつには、既存の手口を知っていても、「振り込め詐欺」の犯人グループの手口が巧妙化・複雑化しているため、まだ周知徹底していない新たな手口に引っかかってしまうということがあります。

直近では、金融庁や銀行の職員を装って、「あなたのキャッシュカードが何者かによって偽造されたので、詳細を確認したいから、キャッシュカードの提出と暗証番号の提示をお願いします」と電話越しに話しかける手口が出てきています。

警察当局は被害を食い止めるため、ATM(現金自動預け払い機)などでのお金の引き出しに目を光らせていますが、犯人グループの摘発は思うように進んでいないのが実情です。

被害者から振り込まれたお金を引き出したり、携帯電話で被害者に電話をする末端の実行犯は摘発できても、そこからグループの主犯格にまでたどりつくことができないケースが多いのです。警察庁が2007年に摘発した「振り込め詐欺」のグループ(170グループ)のうち、

図表9｜振り込め詐欺の被害金額の推移

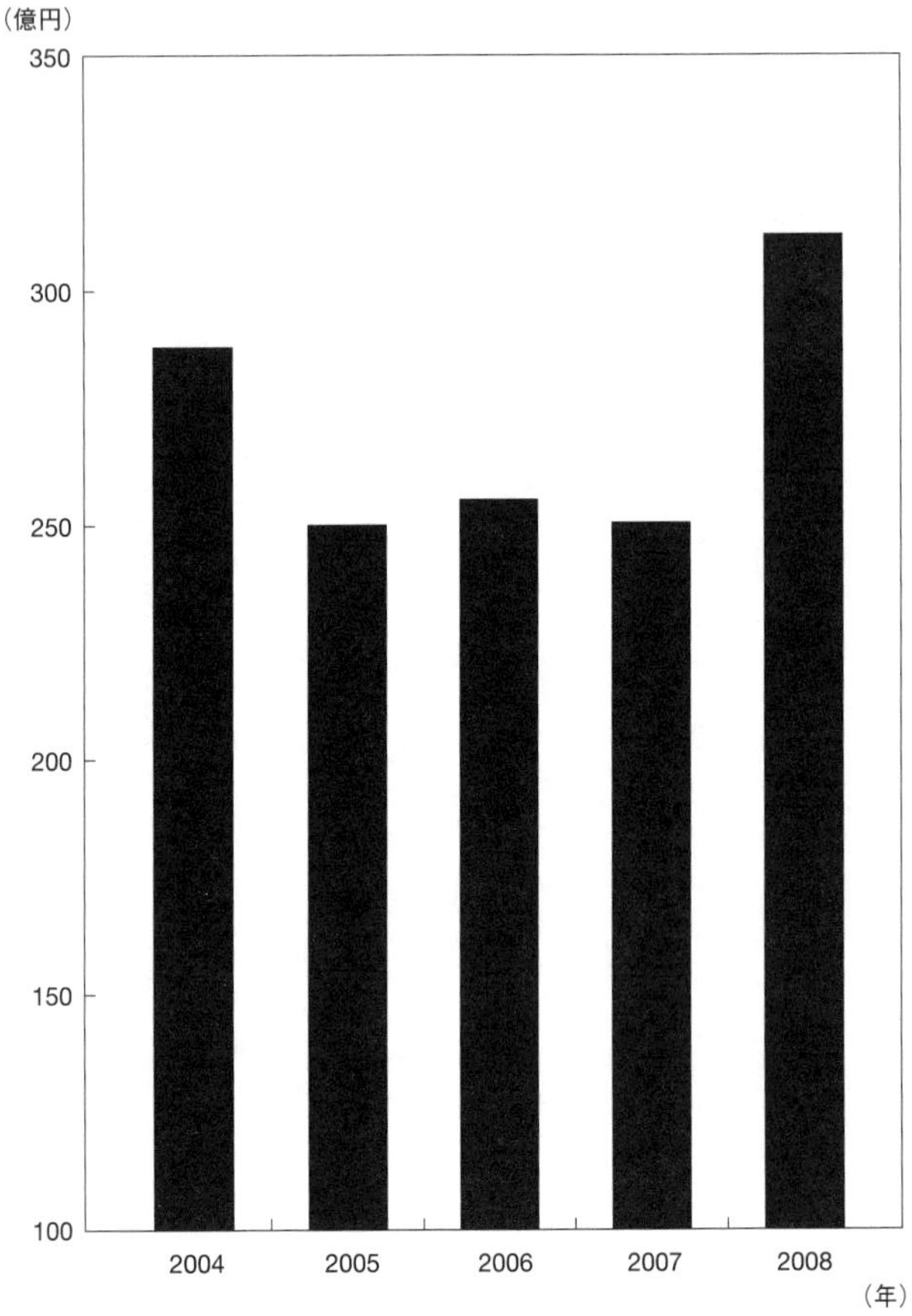

（出所）警察庁資料より作成
（注）2008年は1〜8月の実績を年率換算したもの

主犯格にまでたどりついたのは全体の1割強（20グループ）にすぎませんでした。「振り込め詐欺」の摘発が困難になっている理由として、犯人グループが他人名義の携帯電話や他人名義の不正口座を使用したり、あるいは他人名義の架空会社を設立していることが挙げられます。

他人名義の携帯電話の契約や口座開設、架空会社の設立には、消費者金融で借金を重ねた多重債務者やホームレスといった社会的弱者が利用されています。

生活に困っている人たちの弱みにつけ込む形で、携帯電話の契約や預金口座開設に必要な名義を借りたり、買い取ったりしてしまうのです。

多重債務者に対しては借金の返済を猶予することを条件に名義を買い取り、ホームレスに対しては仕事を紹介したり、手配する見返りに名義を買い取ります。こうした名義の売買を専門に行う闇のブローカーの存在も知られています。

2007年末には、大阪で転売を目的として預金口座を次々に開設していた多重債務者の主婦が逮捕されました。この主婦は、口座を開設するごとにヤミ金融業者にキャッシュカードを郵送し、1回の転売で1万円の謝礼を受け取っていたということです。転売した口座の数は23に上ります。

そして、主婦が転売した口座の一部（3口座）は、「振り込め詐欺」の振り込み先に使われていました。お金に困って、安易に口座を転売すると、それが犯罪に利用されて、知らないうちに犯罪に加担していることにもなるのです。

したがって、「振り込め詐欺」の被害を食い止めるには、「名義貸し」や「名義売り」の問題を解決することが一番効果的であると考えられます。しかし、実際に「名義貸し」や「名義売り」を一掃するのは非常に難しいことです。

たとえば、預金口座については、金融機関等による本人確認を義務化する「本人確認法」（2003年1月施行）によって、他人名義、架空名義の預金口座を新規に開設することは不可能になりましたが、その一方、すでに開設されている他人名義の口座が多数存在します。

その後、2004年12月には「改正本人確認法」が施行され、既存の預金口座を売買した場合にも刑罰が適用されるようになりましたが、他人名義の通帳は今なおインターネットなどで取引されており、不正口座は一掃されていません。

一方、携帯電話については、2005年4月に「携帯電話本人確認及び不正利用防止法」が成立し、携帯電話の販売業者に対して利用者の身元確認が義務付けられました。ただ、「振り込め詐欺」の犯人グループは、本人確認が比較的甘いレンタルの携帯電話を活用するようになってきています。

警察当局は、2008年10月を「振り込め詐欺」の対策強化月間として、被害の防止に注力しましたが、「名義貸し」や「名義売り」を余儀なくされている多重債務者やホームレスをなくしていかないことには、問題の根本的な解決にはならないでしょう。

弱者救済を名目に儲ける募金詐欺・寄付金詐欺

先ほど紹介した「振り込め詐欺」に代表されるように、近年、あの手この手で人をだましてお金を奪い取る詐欺事件が増えています。

多種多様な詐欺行為の中でも、とりわけ悪質といえるのが、人の善意を踏みにじる寄付金集めを装った詐欺です。

寄付金集めを装った詐欺は、貧困層をメインのターゲットにしているわけではないので、本書でいうところの「貧困ビジネス」には該当しませんが、「チリも積もれば山となる」方式でお金を集めているという点では、「貧困ビジネス」に共通するところがあります。

また、貧困を助けるという名目でお金を集めているわけですから、間接的に貧困層が金儲けに悪用されていることにもなります。

寄付金集め詐欺は昔からあった詐欺行為のひとつと考えられるのですが、日本で寄付金集め詐欺が注目されるようになったのは、大阪で大がかりな街頭募金詐欺を行っていたニセの「NPO緊急支援グループ」の代表が、2005年に摘発されてからのことです。

この詐欺グループは、京阪神の繁華街を中心に、約200人のアルバイトを使って募金活動を行っていました。

2004年10月からのわずか3カ月間で、「小さな善意」は積もり積もって、総額約4000万円に達しました。募金の名目は「難病の子供を救うための寄付金」とされていましたが、募金で集められたお金の半分以上は難病支援団体には寄付されず、代表者が私的に流用していたということです。驚くべきことに、集められた募金の一部は、キャバクラに通うための費用にも化けていました。

また、高校野球の世界でも、一部でニセの寄付金集めが行われたりすることがあります。これは、甲子園出場が決まった高校の周辺で、野球部の後援会を装って寄付金を集めて回るという手口です。

最近では、長野県で寄付金集め詐欺に絡んで逮捕者が出ました。2008年5月、2003年に自治会の役員だった人物が、公共の建物を建て替えるための名目で寄付金を集め、それを着服していたとして逮捕されたのです。

このような募金詐欺が横行しても、個々人の寄付金は少額だから、個別の被害者の立場に立てば、金銭的にはそれほど大きな問題とはいえないかもしれません。

しかし、人の善意を踏みにじるという点で、倫理上は非常に大きな問題といえます。また募金詐欺は、単に倫理上の問題にとどまりません。

募金詐欺が横行することによって、本当の寄付金集めや街頭募金活動にまで悪影響が及んできてしまうのです。

「悪貨が良貨を駆逐する」という言葉もあるとおり、ニセの募金活動がはびこることで、募金活動に対して人々が不信感を持つようになり、その結果、街頭募金に寄付をすることをためらう人が増え、募金が集まらなくなってしまう恐れがあります。

ところで、募金詐欺、寄付金集め詐欺は、大規模な天災が発生すると、それに乗じて横行しやすいという特徴があります。これは世界共通の特徴といえそうです。

たとえば、米国では、2005年に大型ハリケーン「カトリーナ」によって甚大な被害が発生しましたが、その際には被災者への寄付金を勧誘するウェブサイトが急増しました。FBI（米国連邦捜査局）の捜査によると、「カトリーナ」が発生した直後から、被災者支援をうたったウェブサイトが次々に立ち上げられ、瞬く間に2300件に達したということです。それらのうち、数十件以上が疑惑の対象となりました。

これらのウェブサイトは、サイト上に被災地の写真などを掲載して、本物の慈善団体であることを装い、善意で寄付をしようと思った人からクレジットカードの番号を不正に奪い取っていました。

中国においても、2008年5月12日に発生した「四川大地震」に際して、混乱に乗じて、募金集めを装った詐欺事件が多発しており、特定の口座に寄付金を振り込むよう勧誘するウェブサイトなどが立ち上げられました。

このように、地球上のどこかで大きな天災が発生すると、それを利用して人の善意を裏切る募金詐欺が発生しやすくなるのです。

もし、善意で何かの団体や活動に寄付をしようと思ったのなら、やみくもに寄付する前に、その団体を見極めて、詐欺ではないことを確認しておく必要があるでしょう。

治験ボランティアの情報提供も儲けのタネ

近年では、新薬の治験（臨床試験）ボランティアの募集情報を、インターネットのサイトやメールなどを使って、有料で提供する業者も増えてくるようになりました。

製薬会社が新薬を開発する場合、厚生労働省の認可を得るために、開発の最終段階で人間を使った治験の実施が必要となります。製薬会社はこの治験を医療機関に委託して行っています。

治験は3段階あって、第1段階では、健康な人を対象として薬品の安全性・有効性をチェックします。第2段階では少数の患者を対象に、第3段階では多数の患者を対象として安全性・有効性を確認していきます。

通常、治験ボランティアの紹介を行う業者は、医療機関と契約を結んでいます。治験ボランティアに関する情報は無料で提供することが原則で、紹介業者は治験ボランティアを希望する人からはいっさいお金をとらず、治験を実施する医療機関から報酬をもらいます。

ところが、紛らわしいことに医療機関と提携せずに、あるいは医療機関から許可を得ずに、治験ボランティアを希望する人から一定の会費や登録料・情報料をとって、勝手に不正確な情報を流している業者が存在するのです。

こうした業者は、現在国内で100以上存在するともいわれています。有料サイトを運営する業者は、会費・登録料として2000円から3000円程度のお金をボランティア希望者から徴収しています。

実際、インターネットで「治験」や「高額アルバイト」といった言葉をキーワードに検索をかけてみると、治験ボランティアを有料で紹介するサイトがたくさん出てくることが分かります。

こうしたサイトでは、利用者が会費や登録料・情報料をきちんと支払ったにもかかわらず、「治験ボランティアの情報が間違っていた」「治験ボランティアの情報が古かった」などの問題も出ています。悪質な場合には、登録詐欺に該当するケースもあります。

有料で治験ボランティアの情報を流すビジネスが、なぜ「貧困ビジネス」に該当するかといえば、会費や登録料・情報料を支払う人の多くが低所得層や失業して生活に困っている人たちで占められているためです。

治験ボランティアになると、ボランティアとはいえ医療機関から1日あたり1万円から数万円程度の高額の謝礼金（患者負担軽減費）がもらえるため、現実問題として、失職して生活に困った人たちが治験ボランティアに応募してくるケースが多いのです。

つまり、新薬の治験ボランティアを募集する有料サイトは、会員登録をさせて、生活が困窮している人たちからお金をとり、実際には誤った情報や古い情報を流すというビジネスモデルになっているのです。

このような「貧困ビジネス」が横行すると、日本の治験体制に対する国民の信頼性が損なわれて、新薬の開発に支障をきたすことにもなりかねません。治験を支援するビジネス全般をチェックする機能の強化が是非とも必要といえるでしょう。

第2章 世界中に蔓延する「貧困ビジネス」

サブプライムローンで大儲けした人たち

第1章では、貧困層を搾取する日本の「貧困ビジネス」の数々をリポートしましたが、「貧困ビジネス」が展開されているのは、なにも日本に限ったことではありません。

先進国・開発途上国を問わず世界中の様々な国で、あの手この手の巧妙な「貧困ビジネス」が展開されています。そこで、第2章では、グローバルな視点に立って海外の「貧困ビジネス」についていて詳しくみていきたいと思います。

まず、2007年に起こった米国のサブプライムローンの焦げ付きの問題からみていくことにしましょう。

読者のみなさんもご承知のとおり、現在、米国では低所得層を中心に、住宅ローンの返済ができなくなり、住宅を差し押さえられる世帯が急増しています。たとえば、米国の不動産仲介業者リアリティトラックによると、2008年7〜9月期に差し押さえられた住宅の戸数（債務不履行通告、競売通知、所有権移転の合計）は全米で76万5558戸（前年比71％増）に達し、2005年に統計を取り始めて以来過去最大となりました（図表10）。

なぜ、米国で暮らす低所得層の人たちは、住宅ローンの返済ができなくなってしまったのでしょうか。

図表10｜米国の住宅差し押さえ件数

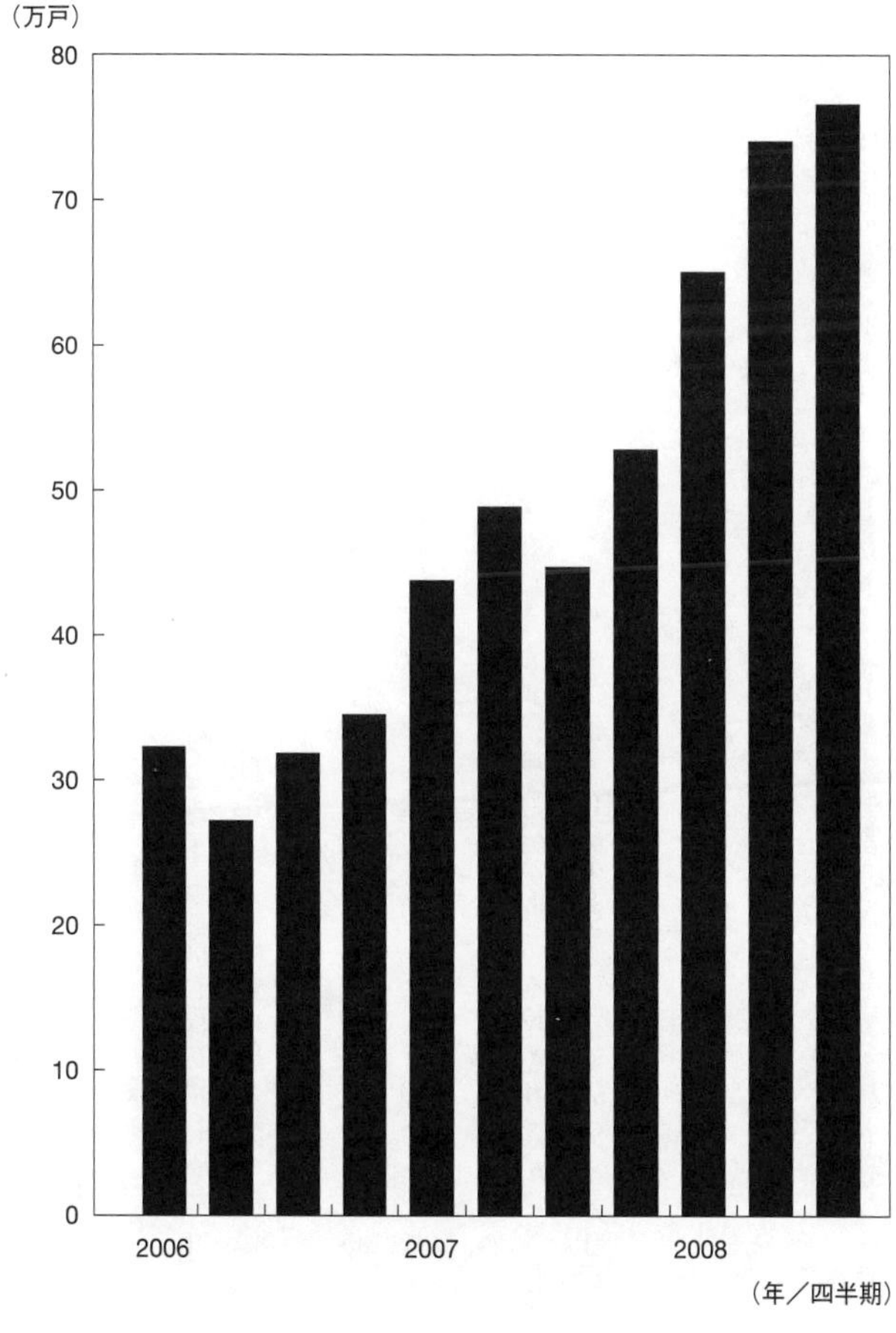

（出所）リアリティトラック資料より作成

この背景のひとつには、金融機関の住宅ローンを利用者に斡旋するモーゲージ・ブローカー(不動産仲介業者)が自分たちの稼ぎを増やすために、無理矢理、低所得層の人たちに住宅を購入させたことがあります。

米国では、金融機関が住宅ローン融資をする際、利用者と金融機関の間に、モーゲージ・ブローカーが入るのが一般的となっています。米国の住宅ローン融資の約3分の2は、ブローカーを経由しているのです。

そして、モーゲージ・ブローカーの収入は、住宅ローンの申請手続きの件数によって決まるため、常に、できるだけたくさんの人に住宅ローンを組ませようという強いインセンティブが働きます。

そこで、一部の悪質なモーゲージ・ブローカーは、自分の収入を増やすために、低所得層の人たちに近づき、「今なら、アメリカン・ドリームが手に入りますよ」などと、調子のいいことを言って、住宅ローンの申請をさせてしまうのです。

ブローカーの口車に乗せられて住宅を購入した人のなかには、「ワーキングプア」のように極端に収入の少ない人も多数含まれていました。

「ワーキングプア」の人たちは信用度が低く、サブプライムローンであっても、住宅ローンの融資を受けられないのですが、ブローカーはローン利用者の収入をわざと水増しして、虚偽の申請手続きをしたりしていました。

低所得層向けの住宅ローンにはカラクリがあって、返済を始めた当初は、低い金利が適用されるのですが、一定の期間が経過すると、ローン金利が急激に上昇する仕組みになっています。ところが、モーゲージ・ブローカーは、こうしたサブプライムローンの仕組みを住宅購入者に十分に説明することなく、ただただ短期的な利益を得るために、かなり強引に手続きをさせてしまうのです。

さらに、今度は、住宅の差し押さえが増えてくるようになると、一部のモーゲージ・ブローカーは、住宅の差し押さえを阻止してあげるからといって、低所得層の住宅オーナーから多額の手数料をとるといった悪質な商売もしていました。まさに、やりたい放題といってもいいでしょう。

一部のモーゲージ・ブローカーが行っていたことは、まさに低所得層の人たちをカモにする「貧困ビジネス」です。FBIは、悪質なモーゲージ・ブローカーなど406人を起訴しました。被害額は約10億ドルに上るということです。

サブプライムローンの問題については、その焦げ付きによる損失が話題になりやすいですが、実は巨額の損失を出した人がいる一方で、「貧困ビジネス」で大儲けをしていた人もいるということを忘れてはいけません。

禁止措置でさらに悪質化するフィリピンの臓器売買

今度は「臓器売買」のトピックを取り上げたいと思います。2008年4月末、フィリピン政府は、外国人に対する腎臓移植を原則禁止すると発表しました。今回の措置の背景には、「臓器売買大国」というこれまでの悪いイメージを払拭しようという狙いがあります。

では、なぜフィリピンは、国際社会から「臓器売買大国」というレッテルを貼られていたのでしょうか。

実は、各種の臓器移植手術では、患者のニーズが恒常的に大きい一方、ドナー（臓器提供者）の数は圧倒的に不足しているのが世界的傾向です。

それぞれの国が、自国内で患者とドナーのマッチングを図ろうとしても、ドナー不足は全く解消されないという厳しい現実があるのです。

そうした状況下、フィリピンでは、貧困層を中心に、自分の臓器を売りたいというドナー希望者が多数存在しており、そのためにフィリピンで外国人患者を対象とした臓器移植手術が行われるケースが多くなっています。

様々な臓器の中でも、腎臓は1人の人間が2つ保有しているため、ひとつを失っても生命に危険はないという理由で、腎臓移植手術がとりわけ盛んに行われています。

フィリピンでは、外国人への臓器移植手術の上限枠を全移植手術の10％以内と定めていますが、実際には2006年に行われた全腎臓移植手術の63%が外国人への移植手術でした。

腎臓の提供者は、フィリピン国内にたくさんいるため、人工透析を続けて腎臓の提供を待つ裕福な外国人患者を多数受け入れれば、医療機関は多額の利益を得ることができる仕組みとなっています。

腎臓売買のブローカー（仲介業者）も利益が得られます。日本人に腎臓を提供したあるフィリピン人労働者の場合、報酬として30万円を受け取り、その20%を仲介料としてブローカーに支払っていました。フィリピンの労働者の平均年収が15万円程度なので、臓器売買で得られる報酬は2年分の給料に相当します。

ヤミで取引された腎臓の多くは、お金持ちのアラブ人や日本人などに移植されます。しかし、自らの臓器を売るフィリピン人の大半は、得たお金のほとんどを借金の返済にあててしまいます。その後は、生活が豊かになることもなく、むしろ臓器摘出による体調不良で働けなくなり、より生活が苦しくなってしまうというケースが多いのです。

もちろん、外国人患者に臓器が販売されているのはフィリピンに限った話ではありません。その他のアジア諸国や南米、アフリカ地域の開発途上国でも、高収益をあげられるという理由から、臓器売買が横行しており、臓器売買のために女性や子供を誘拐して殺害するといった事件も多く発生しています。

それでは、今回の禁止措置によって、果たしてフィリピンでの臓器売買は縮小していくのでしょうか。残念ながら、フィリピン政府が外国人への腎臓移植を禁止しても、臓器売買がなくなることは期待しづらいでしょう。

なぜなら、依然として、フィリピン国内の貧しい人たちの多くが自分の臓器を販売してお金を得たいと考えているからです。臓器売買の市場は、ヤミに潜行する形で存続し、今後も決してなくなりはしないでしょう。

貧困にあえぐ低所得層の人々は、毎日の食費や借金の返済、あるいは学校に支払う授業料を得るために、フィリピン人の腎臓売買ブローカーなどを通じて、利益を目的として先進諸国の人々に腎臓などの臓器をヤミで売るようになるとみられます。

臓器売買がヤミ市場にシフトするようになれば、腎臓を提供する貧困層の手術後の健康へのケアがおろそかになるなど、かえって臓器売買が抱える問題が、深刻化する恐れもあります。

フィリピンにおける臓器売買の横行の問題を解決するには、その根幹のところにある貧困問題を解消することが先決といえるのではないでしょうか。

死刑囚の臓器提供を容認する中国政府

アジアや中南米の開発途上国の多くで臓器売買ビジネスが横行していますが、国民の所得格差が大きい中国においても、格差社会の底辺に位置する貧困層が、生活していくために自らの臓器を売るケースが後を絶ちません。

中国は、臓器移植手術の件数（2005年で約1万2000件）で、米国に次いで世界第2位の規模となっています。最も多いのは腎移植ですが、肝臓や肺の移植手術の件数も多くなっています。

先進諸国では臓器移植のドナー（提供者）が圧倒的に不足しているため、富裕層の患者はブローカー（仲介業者）やドナー、現地の医療機関に高額の謝礼を支払い、中国で優先的に臓器の移植手術を受けています。

中国では、貧困層が臓器を売るケースだけでなく、死刑囚の臓器を使った移植手術も盛んに行われています。中国政府の発表によると、現在、中国で行われている臓器移植手術の大半は、死刑囚の臓器を使って行われているということです。中国で死刑囚の臓器を移植に使うケースが多いのは、中国には「生前の罪は臓器の提供によって償うべき」といった考え方があるためともいわれます。

ただ、移植手術に、死刑囚の臓器を使う場合、本人と家族の同意が必要なのですが、実際に同意を得ているかどうかは不透明なところも多いのです。死刑囚の臓器を使った移植手術は倫理的な面においても大きな問題をはらんでいるといえます。

また、貧困層がお金を稼ぐために、乳幼児を誘拐し、海外の富裕層に売り渡すといった人身売買ビジネスも行われています。人身売買は、乳幼児の臓器の獲得が目的であることも少なくありません。

こうした臓器売買ビジネスの横行に歯止めをかけるため、中国政府は、2007年5月1日、「人体器官移植条例」を施行し、原則として臓器の売買を禁止することを決めました。この条例では、臓器売買をしていたことが判明すると、それによって得られた利益が没収されるほか、その収益の8～10倍の罰金が科されることになります。また、移植手術に関与した医療機関についても処分の対象とされます。

しかしながら、この条例では、中国の臓器移植手術の大半を占める死刑囚の臓器提供についてはとくに規定がないため、死刑囚の臓器を使った移植手術は、今後も減ることはないとみられます。

中国での不透明な臓器売買ビジネスを根絶するには、死刑囚の臓器提供についてもなんらかの規制を課すことが必要でしょう。

「人体器官移植条例」が施行された後、移植手術を斡旋するブローカーなど、利益目的で臓器売買ビジネスを行う業者の摘発が相次いでいます。

2007年9月には、中国の瀋陽市に本拠を置く組織が日本人患者に臓器移植仲介をして利益を上げていたとして、瀋陽の公安当局がこの団体の代表者（日本人）を摘発しました（懲役1年2カ月、罰金10万元）。ただ、このときの罪状はホームページに「中国で許可を受けた唯一の紹介機関」と掲載していたことに対する虚偽広告罪でした。

このため、２００８年11月、今度は日本の警察当局が、臓器の仲介ビジネスで利益を上げることを禁止する日本の「臓器移植法」に抵触している可能性があるとして、中国から国外退去処分を受けて帰国した代表者を事情聴取しています。

インド、パキスタン、ブラジルでも横行

インドでは、かつてチェンナイ（旧マドラス）など南部の地域を中心に、臓器売買が盛んに行われていました。自らの腎臓を専門に売る人々が集中して暮らす地域もあって、そうした地域は「キドニー（腎臓）ベルト」と呼ばれていました。当時のインドでは、年間数千件もの腎臓移植が行われていたということです。

インドの臓器売買市場では、臓器を売る人の多くが、女性で占められているという特徴があります。彼女たちは、結婚するための資金を調達したり、多額の借金を返済したり、あるいは困窮した生活から抜け出すために、仕方なく自分の臓器を売るのです。なかには、自分の臓器を売ったお金を元手にして、新しく事業を始める人もいます。

国内での臓器売買の横行を懸念したインド政府は、臓器売買に規制をかけることを検討するようになり、1994年6月には腎臓などの臓器売買を禁止する「臓器移植法」が国会で可決されました。「臓器移植法」の下では、血縁者同士以外での腎臓移植が原則として禁止となります。「臓器移植法」は、2005年2月から施行されています。

しかし、自分の臓器を売りたいと考えるインド国内の貧民と、病気を治すためにどうしても臓器を買いたいと考える海外の富裕層がたくさん存在するため、「臓器移植法」が施行された後も、不法な臓器売買が後を絶たないというのが実情です。

そうしたなか、2008年1月には、定職のないインドの貧しい労働者たちから腎臓を摘出して、それを欧米の富裕層の顧客に移植していたグループ（医師を含む）が摘発されました。

このグループは、ニューデリーやムンバイなどインド各地で貧しい労働者たちを集めて、半ば強制的に腎臓を摘出していたということです。

具体的な手口は、報酬のいい日雇いの仕事を紹介するからと、貧しい人たちに声をかけて、住宅を改造した施設に監禁します。そして、その施設で手術をして労働者の腎臓を摘出してしまうのです。労働者に対しては、手術後に報酬として20万円程度のお金を渡していましたが、移植手術をする際には、顧客に対して労働者に支払った報酬の10倍以上の金額を請求していました。臓器のブローカーや医師は臓器移植によって暴利をむさぼっていたのです。このグループによる被害者の数は過去15年の累計で600人以上に上るとみられています。

インド国内で不法な臓器売買がなくならない根本的な背景には、移植用の臓器が圧倒的に不足していることがあります。このため、インド政府は、2008年に、「臓器移植法」の改正を検討するようになりました。改正法では、交通事故などによって脳死状態になった患者が生前に臓器提供の意思表示をしていなくても、家族の同意があれば、臓器を摘出できるようにします。改正法が成立して、脳死者からの臓器移植の数を増やすことができるようになれば、不法な臓器売買にも一定の歯止めがかかることが期待できます。

また、2000年代に入ってからは、インドの隣国のパキスタンにおいても臓器売買が急増するようになっています。現在、パキスタンでの腎臓の移植件数は、年間2000件に達するということです。

一方、南米のブラジルでも臓器の密売が横行しています。1998年に公開されたブラジル映画「セントラル・ステーション」でも、臓器密売の話が出てきます。

ブラジルでは、貧しい家庭から乳児を買い取り、子供に恵まれない海外の富裕層の家庭に買い取った乳児を売り飛ばすビジネスを専門に行う犯罪組織が複数暗躍しています。

そして、こうした犯罪組織のなかには、買い取った乳児を富裕層の家庭に売り渡すだけでなく、乳児の臓器を取り出して、その臓器を、臓器疾患を持つ子供に売りさばく悪質な組織もあります。ブラジルの移植医が犯罪組織に加わっている場合もあります。

たとえば、1993年の夏に摘発された犯罪組織は、貧しい家庭から乳児を2万円程度で買い取り、乳児の心臓を800万円、腎臓を350万円程度で売りさばいていたということです。この犯罪組織の犠牲になった乳児は50人以上にも上りました。

ある程度成長した子供の場合、犯罪組織が子供を誘拐して国際養子縁組を装って海外に連れ出し、そこで臓器を売りさばいています。

サンパウロやリオデジャネイロなどでは、今なお幼児や少年が行方不明になる事件が頻繁に起こっていますが、行方不明になった子供たちの一部は、臓器売買目的で誘拐されている可能性が高いといわれます。

移植医が臓器密売に関わるケースが少なくないことから、ブラジルの貧困層の家庭は、移植医に対して極度の不信感を持っています。

子供の手足を切断して物乞いをさせる親も

中国やインド、タイ、カンボジア、フィリピンといったアジアの新興国や開発途上国では、人々の所得格差が日本とは比べものにならないほどに大きく、格差社会の底辺に位置する人たちは、物乞いなどをして生活しています。

たとえば、南アジアの大国インドは、近年、有力新興国グループＢＲＩＣｓ（ブラジル、ロシア、インド、中国）の一角としても注目されていますが、経済成長の恩恵にあずかれない貧しい人たちはまだまだたくさんいます。

筆者がインドに出張したときも、街のあちこちでたくさんの物乞いをみかけました。そのときは、車でニューデリーを移動していたのですが、赤信号で車が止まるたびに、たくさんの物乞いが道路のわきから集まってきて、車の窓を「コツン」「コツン」と叩きながら、悲しそうな表情をしてお金を求めてくるのです。

そしてよくみると、車に集まってくる物乞いのほとんどは大人ではなくて少年や少女で占められているのです。

後で現地の人から詳しい話を聞いたのですが、親が観光客やビジネスマンの同情をひくために、わざと自分の子供に物乞いをさせているそうです。

それだけではありません。周囲の人たちから哀れみを得て、より多くのお金をめぐんでもらうために、可愛いわが子の手足をわざと切断してしまう親もいます。子供が生まれると、すぐにその手足を切断してしまい、その赤ちゃんを抱いて、物乞いして街を歩く母親もいます。

さらには、インド国内よりも富裕層が集まっている中東のほうが稼げるという事情で、手足を切断した子供をマフィアなどに売り渡してしまう親もいます。手足を切断された子供は、そのまま中東に連れて行かれて、そこで物乞いをさせられるのです。

1997年には、インドの少女をイスラム教の聖地メッカに連れてきて、そこで物乞いをさせていたマフィアがサウジアラビアの警察当局に摘発されています。少女たちの年齢は5歳から15歳の間で、なかには手足のない少女も含まれていたということです。

インドだけではなく、東南アジアのタイでも同じようなことが行われています。たとえば、筆者がバンコクに出張したときには、夜の通りで、人ごみの中、手足のない人が地べたを這いながら物乞いをしている光景を目にしました。

驚いたことに、この人たちは、通りに、ほぼ等間隔で並びながら物乞いをしているのです。そして、一定の時刻になると、トラックがやってきて、その人たちを順番に荷台に乗せて去っていくのです。

人為的に手足を切断された人たちをつかまえてきて、強制的に物乞いをさせて、お金を稼いでいる業者がいるということです。

開発途上国では、上述のように想像を絶する残酷な「貧困ビジネス」も展開されているのです。

このように、新興国が台頭しているといっても、それは全体を大雑把にとらえた場合の話です。私たちの耳にはあまり入ってきませんが、現実には、それぞれの新興国のなかで経済成長から取り残されてしまったたくさんの貧困層が存在します。貧困層は、生きていくために、上述のような残酷なビジネスにも手を染めなくてはなりません。経済発展とともに、貧困層の割合は低下してくるとみられますが、開発途上国で過半数の人が人並みの生活をできるようになるのはずっと先のことです。

日本でも低所得層が増えつつあり、それはそれで大きな問題ですが、あえて日本の低所得層を開発途上国の貧困層と比較すれば、相対的には日本の低所得層のほうがまだまだ恵まれているといえます。ですから、開発途上国の貧困の現実を目《ま》の当たりにした人たちは口をそろえて、低所得層の若者たちに「甘えるな」というのです。

日本は世界的に悪名高い人身売買大国だった!

今度は、日本で「貧困ビジネス」の犠牲となっている外国人女性のお話をしたいと思います。

JR山手線の新大久保駅の駅裏などには、夜遅くにタイ人やコロンビア人の売春婦が出没します。六本木や新宿の路地裏でも、シャラポワ並みの東欧系金髪八頭身美人が声をかけてきます。

このように、近年、外国人売春婦の活動が目立ってきました。売春の相場は交渉次第ですが、おおむね1万5000円から3万円程度(ホテル代は別)となっています。アジア系は1万円台の価格帯が多く、金髪系になると3万円近くの価格帯が多くなります。

筆者の推計によると、外国人女性による売春のマーケットサイズは、1990年代以降拡大傾向にあり、1990年の89億円から直近の2007年には248億円へと膨らみました（図表11）。

外国人の売春婦たちは、短期滞在・興行等の在留資格で偽って入国し、そのまま国内にとどまって仕事（＝売春）に専念しています。

その一部は、ジャパニーズ・エンを稼ぐために自ら進んでこうした仕事に手を染めていますが、なかには現地のブローカーや国内の受け入れブローカーの口車に乗せられて無理矢理連れてこられて、性風俗店などに売り渡されてしまう者もいます。いわゆるトラフィッキング（人身売買）の被害にあっているのです。

彼女たちは、ブローカーや性風俗店の経営者などに不法入国の費用などの名目で数百万円に上る借金を負わされたうえ、逃亡できないようパスポートを取り上げられ、スナックや売春宿での身売りを強要されます。

また給料から借金を天引きされたり、暴力を受けるなど、ひどい仕打ちを受けていたりもします。

これまで日本に人身売買を取り締まる法律がなかったことが、人身売買の横行を招く結果に

図表11｜日本国内の外国人売春の市場規模

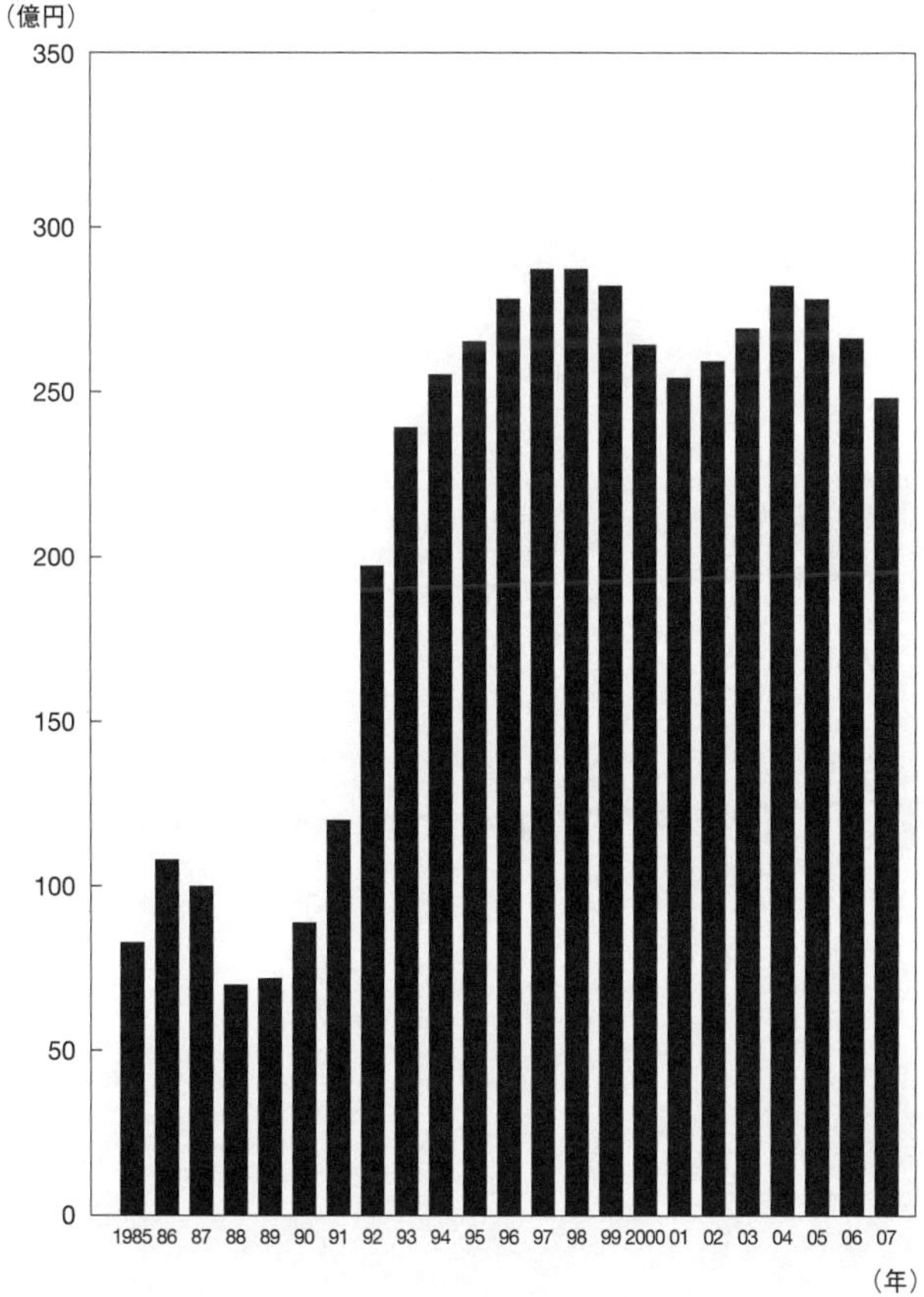

（出所）法務省資料、総務省資料などより筆者が独自に試算

なったといえます。

２００4年6月には、世界の人身売買を監視する米国の国務省が、日本が外国人の人身売買の温床になっているとして「監視対象国」に指定しました。これは、人身売買の法整備が最低レベルにも達していないという判断によるものです。主要国のなかで、「監視対象国」に指定されたのは、ロシアと日本だけです。

日本が人身売買の温床になっているとの国際的な批判が強まるなか、近年では、人身売買に対する規制強化の動きが出てくるようになりました。

たとえば、２００5年7月には、人身売買に罰則を科した「人身売買罪」を新設した改正刑法が施行されました。人身売買罪では、人を買い受けた場合、3カ月以上5年以下の懲役となります。営利・わいせつ目的で買い受けた場合には、刑が一段と重くなり、1年以上10年以下の懲役となります。また、人を売り渡した場合には、その目的にかかわらず、1年以上10年以下の懲役が科されます。

さらに、２００6年5月からは、外国人の人身売買を防ぐことなどを目的として、「改正風俗営業法」が施行されました。

この法律では、性風俗店が外国人を雇う際、パスポートなどによって日本で働く資格があるかどうかを確認することが義務付けられます。違反した場合には、１００万円以下の罰金が科されます。また、人身売買罪で有罪判決を受けた場合には、刑を受けた後、5年間は性風俗店を経営することができなくなります。

これらの新法が施行されてから、人身売買の摘発が相次いでいます。2007年10月には、長野県で人身売買組織が摘発されました。この組織は長野県の性風俗店などに多数の外国人女性を売り渡し、数千万円以上の利益を稼ぎ出していたとされます。

タイ人の女性などが被害にあっていたということです。また、2007年7月には、日本人女性の人身売買が摘発されています。この事件では、栃木県の性風俗店で働いていた日本人女性が別の性風俗店に売り渡されていました。性風俗店経営者が、女性が無断欠勤したことに腹を立てて、別の店に売り飛ばしたということです。

遅ればせながら人身売買への規制が強化されてきたことで、今後は、日本が「人身売買大国」の汚名を返上することが期待されるところです。

「偽装結婚」で荒稼ぎする中国人売春婦

中国では内陸部に居住する貧しい農家の娘が、生計を立てるために沿岸の大都市地域に出ていき、そこで売春を繰り返すといったケースが後を絶ちません。

売春は違法行為なので、もし売春していることが発覚すれば厳罰の対象になります。また、性感染症やＨＩＶに感染する恐れもあります。中国衛生省の発表によると、売春をしている女性のＨＩＶ感染率は、１９９６年の０・０２％から２００６年には１・０％へと急上昇しました。

しかし、そのようなリスクを冒してまでも、生存していくためには売春をせざるを得ないという厳しい現実があります。

農村部の女性の多くは、金銭的な問題もあって、学校を中退するなど、十分な基礎教育を身につけていません。このため、職を探して沿岸部に出てきても、まっとうな仕事をみつけることができず、結局は、手っ取り早くお金が稼げるという理由から売春婦になっていくのです。

沿岸部の大都市に年収の多い単身赴任のビジネスマンが集中していることも、売春ビジネスの拡大に拍車をかけています。ちなみに、中国における一般的な売春の相場は日本円にして５０００円程度、高級娼婦の場合には、２万５０００円程度となっています。

また、沿岸の都市部だけでなく、「偽装結婚」の形で日本や台湾に入国、そこで売春をして荒稼ぎしている女性も多くなっています。

不法入国で摘発されないようブローカーが仲介して、日本人男性と「偽装結婚」させており、彼女たちはいわば合法的に日本や台湾に入国しているのです。「偽装結婚」の相手となる日本人男性はホームレスや多重債務者などで、いずれもブローカーからお金をもらって、戸籍を貸しています。

中国人女性と「偽装結婚」させるために、密入国を斡旋する組織が日本のホームレスを集めて中国に行くこともあります。中国で婚姻の手続きを済ませると、ホームレスは帰国、その後、中国人女性が日本に入国して、日本で婚姻届を出します。

これで、中国人女性は、日本人男性と結婚したことになり、晴れて就労期間などを気にせずに、日本で働くことができるようになるのです。このための費用として、中国人女性は３００万円程度を密入国の斡旋組織に支払います。密入国斡旋組織は、入籍に協力をしたホームレスに50万〜80万円を支払っています。

ですから、２２０万〜２５０万円（３００万円マイナス50万〜80万円）が「偽装結婚」を１件成立させたときの密入国斡旋組織の利益となるわけです。お金の代わりにホームレスに住宅を提供するといったケースもあります。

話が少し横道に逸れてしまいましたが、話題を再び中国の売春問題に戻すと、沿岸の都市部や日本、台湾にまで出てきて自らの意思で売春婦になる少女のほか、人身売買によって強制的に地方から都市部に連れてこられて、売春を強要される中国人女性もいまだに多数存在します。

たとえば、２００６年には、貴州省の貧困地区で、元小学校教師の女が、自分の教え子の生徒や児童（11〜17歳）23人を地方都市に連れて行き、そこで売春行為をさせていた事実が判明しました。女は夫や元同僚とつるんで、女生徒に売春を強要し、日本円にして約50万円を稼いでいたということです。

この極悪非道の女には、2007年12月、死刑判決が下されました。また夫のほうは、執行猶予の付いた死刑判決を受けています。

近年では、誘拐・人身売買を専門に行う組織集団が形成されており、沿岸都市部の富裕層・ニューリッチ層や農村から都市部に出稼ぎに出てくる労働者（民工）の子供を狙った誘拐事件・人身売買事件が多発しています。誘拐した女性や子供の一部は、各地に売り飛ばされて、売春を強要されます。

また、北朝鮮を抜け出して中国に入った脱北者の女性が、組織的な人身売買の被害にあって、売春を強要されるといった事件も多発しています。

北朝鮮を逃れて中国に入っても、人身売買の被害にあうため、中国からさらにタイや韓国に逃れようとする脱北者が後を絶ちません。米国が2007年に発表した人身売買の報告書では、中国は4段階の評価で第3ランクの「監視対象国」に位置づけられているのです。

では、中国には一体どれぐらいの数の売春婦がいるのでしょうか。職を失って一時的に売春に手を染める者などもあり、移動が激しいためにその数を推定するのは難しいのですが、中国公安当局の推計によると、現在、売春に関わる者の数は男性・女性を合わせて300万人から

400万人程度であるとされます。

ただ、この数字は正確なものとはいえず、一説には、その10倍はいるともささやかれています。

貧困層をカモにした「ねずみ講」で国が破綻

「貧困ビジネス」の中には、貧しい人たちに声をかけて「お金を増やしてやる」と巧みに誘い、「チリも積もれば山となる」方式で、たくさんのお金を集めるという手口があります。

これからお話しする「ねずみ講」は、その最たる例といえるでしょう。通常、「ねずみ講」のターゲットになるのは貧困層とは限りません。ただ「ねずみ講」はあっという間に被害が広がっていくという特徴があるので、たとえば国民の多くが貧困層で占められている国で大規模な「ねずみ講」が発生すると、結果として、「ねずみ講」が貧困層をターゲットとした「貧困ビジネス」となってしまいます。「ねずみ講」では、なけなしのお金を預けた貧困層は最終的に大きな損をして、お金を集めた人だけが得をすることになります。

日本では、ここ数年の間に「ねずみ講」の被害が急増しています。警察庁の資料によると、2006年から2007年までの2年間で、「ねずみ講」の被害にあった人は全国で8948人、被害総額は28億9199万円にも上りました。最近では、インターネットを使ってこうした悪質商法を行う事例が目立ちます。

２００８年12月11日には、米国のナスダックのバーナード・マドフ元会長が巨額詐欺容疑で逮捕されました。マドフ元会長は「ねずみ講」によく似た手口で投資家からお金を集めて、投資家に約4兆5０００億円もの損害を与えたということです。マドフ元会長は、ヘッジファンドを運用していましたが、運用成績は振るわず、投資家からお金を集めては、それを配当にあてていたといわれます。

ところで、「ねずみ講」の仕組みはどうなっているかというと、まず親会員が数名の子会員を勧誘、一定の金品を支払わせて組織に加入させます。さらにそれぞれの子会員は孫会員を勧誘、一定の金品を支払わせて組織に加入させます。

このように「ねずみ講」は、後から加入した者が支出する金品を、先に加入した者が受け取りながら、ねずみ算式で会員を増やしていくという仕組みになっているのです。

しかし、当然のことながら、「ねずみ講」は会員が無限に増えていくことを前提にしなければ成り立たないため、最終的にはどこかで行き詰まり、大半の人は結局、損をすることになってしまいます。

単純に計算しても、1人が2人、2人が4人と2倍のペースで加入者が増えていくと、28代目には日本の総人口を超えることになるのです。

こうしたことから、「ねずみ講」による資金集めや加入、勧誘は1978年11月に成立した「無限連鎖講の防止に関する法律」で禁止され、違反した場合には、罰金や懲役刑が科されます。

この法律の適用例をみると、たとえば、大阪の通信販売会社「アースウォーカー」は、2004年1月から2005年6月にかけて、「ねずみ講」の方法で、学生ら5517人を加入させ、合計22億5000万円を支払わせていました。同社の幹部は「無限連鎖講防止法」違反で2006年に摘発されています。

ところで、世界を広く見渡すと、この「ねずみ講」で国全体が破綻寸前まで追い込まれてしまった国があります。それがバルカン半島に位置するアルバニアです。

アルバニアでは、1990年代に入ってから、高利回りをうたった投資機関が多数設立されるようになりました。しかし、これらの投資機関のビジネスモデルは、いずれもピラミッド型の「ねずみ講」になっていたのです。集まってくるお金が利息の支払い総額を超えている間はビジネスとして成り立ちますが、集まってくるお金が利息の支払い総額を下回ったところで、利息をもらえない人たちが出てくるようになるのです。

そうとは知らないアルバニアの貧しい国民たちは、汗水たらして働いて得たお金を少しでも増やそうと、次々にこうした投資機関にお金を預けていくようになったのです。最終的には、子供を除いたほとんどの国民（当時の総人口は320万人）がこうした投資機関にお金を預けることになりました。「お金を預ければ大金持ちになれる！」と信じ込み、家や土地を売ってまで投資機関にお金をつぎ込んでしまう人もいました。

しかし、実際には「ねずみ講」なので、このビジネスモデルは最初から破綻する運命にありました。

1997年になるとアルバニアの投資機関が次々に破綻します。貧しい国民の多くはなけなしのお金を失ってしまいました。ねずみ講の破綻による国全体の損失額は約10億ドルに達しています。これは当時のアルバニアのGDP（国内総生産）の6割に相当する金額です。

一部の国民は、怒りを爆発させて大暴動を起こすようになり、大統領は非常事態宣言を出しましたが、事態を収拾することはできず、とうとうアルバニアは無政府状態になってしまったのです。

「ねずみ講」の破綻によって、アルバニアの経済は長い期間にわたって低迷した状態が続きました。

第3章 ますます悲惨な非正規雇用の実態

蟹工船ブームはなぜ起きたのか

第2章では、世界各国で繰り広げられている「貧困ビジネス」の数々について紹介しました。第3章では、再び日本の「貧困ビジネス」に話を戻して、今度は雇用面で横行している「貧困ビジネス」について詳しくみていきたいと思います。

ここでいう雇用面での「貧困ビジネス」とは、一般の企業と労働者の関係において、労働者が著しく不利な立場に置かれてしまう状況を指します。労働者が企業に「搾取」される構造といってもいいでしょう。具体的には、非正社員の場合には「多重派遣」「偽装請負」などが、正社員の場合には「サービス残業」「名ばかり管理職」などが雇用面での「貧困ビジネス」に該当します。

2008年の春以降、日本ではプロレタリア文学の代表的な作家小林多喜二の「蟹工船」が空前のブームになっています。

様々な年代の人たちが「蟹工船」を読んでいますが、とりわけ派遣労働者として働いている若者たちが熱心に読んでいると聞きます。

なぜ、今「蟹工船」が注目されているのでしょうか。

「蟹工船」では、経営者のひどい扱いを受けて、過酷な労働環境に置かれている蟹工船の乗組員たちが一致団結して、経営者と闘っていく様子が描かれています。

「日雇い派遣」などで働く若者たちは、「蟹工船」に描かれている内容が自分たちの今置かれている状況に似通っていると感じ、この作品からなんらかの生きるヒントを得ようとしているのです。

労働組合が合法的に活動できなかった頃の作品が今、改めて読み直されているということは、それだけ、今の日本の労働環境がひどいものになっているということの裏返しといえるのではないでしょうか。

低賃金・不安定雇用の責任は誰にあるのか

最初に非正社員、とくに派遣社員として働いている人たちが置かれている過酷な労働環境についてみていきたいと思いますが、その前に、そもそも非正社員の人たちが低賃金と不安定な雇用に苦しむようになったのは、いったい誰の責任なのかを明らかにしておきましょう。

現在、様々な企業で働いている非正社員のなかには、「会社に縛られたくない」「自分の都合のいい時間に働きたい」「重い責任をかぶりたくない」などの理由から、自らの意志で非正社員という就業形態を選んだ人がたくさん含まれています。

自らの意志で非正社員になった人の場合、就職後に低賃金と不安定な雇用に苦しむ結果になっても、それはあくまでも「自己責任」ということになり、企業や社会に対してその責任を転嫁することはできません。

ただ、問題なのは、自らの意志とは無関係に非正社員として働くことを余儀なくされている人たちです。非正社員として働いている人のなかには、本当は正社員として働くことを希望していたのに、企業が採用を絞り込むなどして、それが実現しなかった人も含まれています。

このことは、各種のアンケート調査の結果からも明らかになっています。たとえば、厚生労働省の『平成19年就業形態の多様化に関する総合実態調査』（2007年10月1日時点の状況に関するアンケート調査）によると、非正社員で、現在の就業形態を選んだ理由として「正社員として働ける会社がなかったから」を挙げた人の割合は18・9％に上りました。派遣社員に限ってみると、その割合は37・3％まで高まります。つまり、派遣社員の10人に4人は、正社員として働くことを希望していたにもかかわらず、派遣社員になっているということです。

年齢別にみると、いわゆる「ロストジェネレーション」（1990年代後半から2000年代初頭の「就職氷河期」といわれた10年間に社会人となった若者たち）に属する世代の非正社員で、現在の就業形態を選んだ理由として「正社員として働ける会社がなかったから」を挙げる人の割合が高くなっています（図表12）。

このような現状を踏まえると、現在、非正社員として働いている若者たちすべてに「自己責

図表 12　現在の就業形態を選んだ理由として「正社員として働ける会社がなかったから」を挙げた人の割合

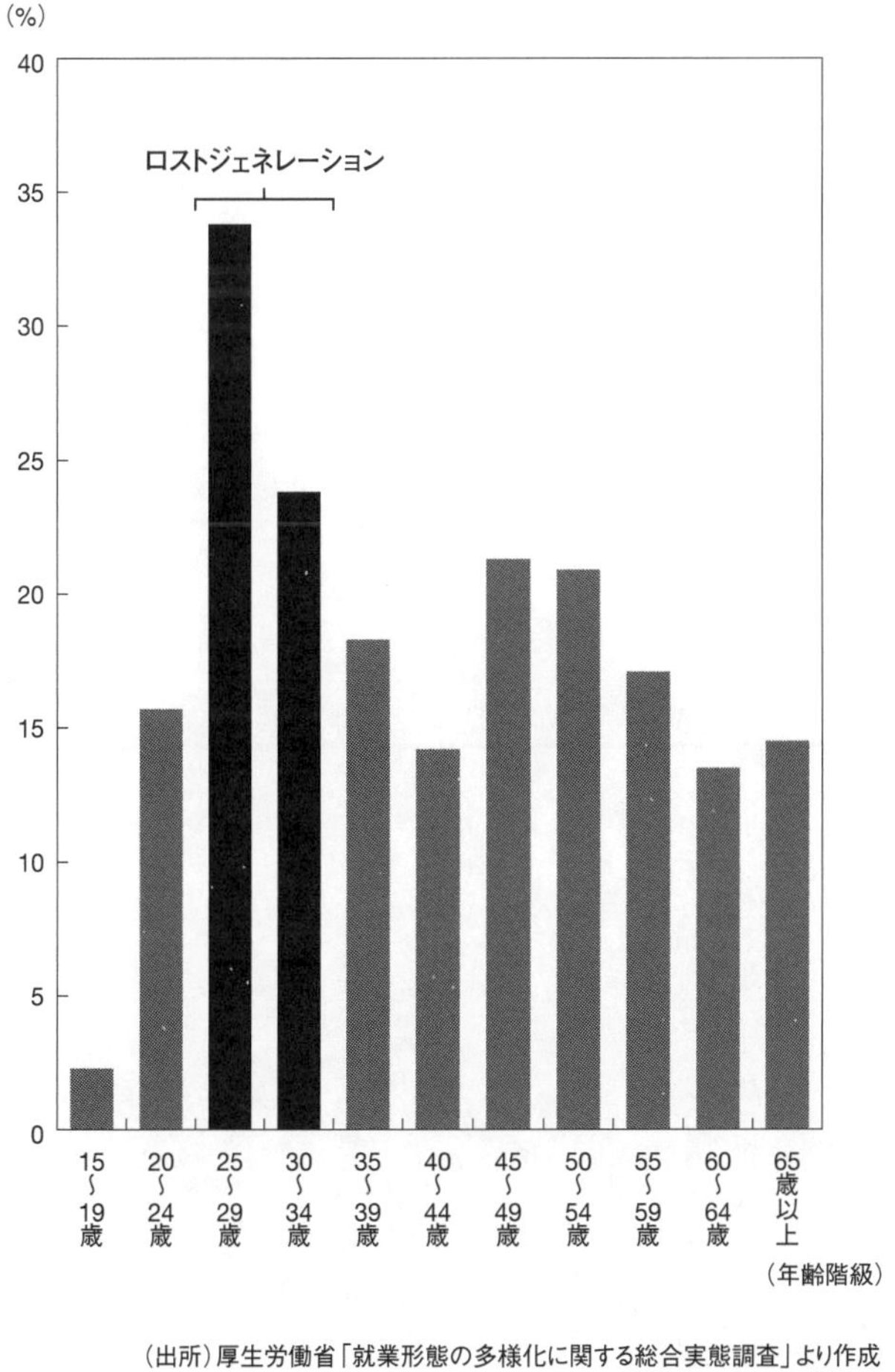

(出所)厚生労働省「就業形態の多様化に関する総合実態調査」より作成
(注)2007年10月1日時点

任」を求めるのは少し乱暴であり、非正社員の低賃金・不安定雇用の問題に対しては、企業や社会にも責任の一端があるといえます。

景気悪化の波をまともにかぶった「派遣切り」

労働者の3人に1人が非正社員となるなか、派遣社員を中心とする非正規雇用労働者の人たちは、2008年の夏場以降、いわゆる「雇い止め」の問題に直面しています。

「雇い止め」というのは、会社が、契約期間満了と同時に、非正規雇用労働者との雇用契約を更新しないことを指します。雇用契約が満了していないのに、契約を打ち切る場合もあります。

厚生労働省の発表（2008年11月28日）によると、2008年10月から2009年3月までに、「雇い止め」を実施もしくは実施予定の会社は、全国で477社、3万67人に上るということです。「雇い止め」をされる3万67人の非正規雇用労働者のうち、65・8％が派遣社員（1万9775人）で占められています。

さらに、この発表から1カ月後の2008年12月26日、厚生労働省は、2008年10月から2009年3月までの「雇い止め」や期間途中の契約解除が全国で8万5000人に上ると発表しました。わずか1カ月間で、集計値が2・8倍に膨らんだことになり、それだけ非正規雇用労働者の雇用環境が急激に悪化していることを示唆しています。「雇い止め」をされる非正規雇用労働者のうち、派遣社員は5万7000人となっています。

では、なぜ最近になって「雇い止め」が急増するようになったのでしょうか。これには、米国で起こったサブプライムローンの焦げ付き問題が強く影響しています。

2007年に起こった同問題は、2008年に入って世界的な広がりを見せ、世界景気が急激に悪化するようになっています。日本にとっても、サブプライムローン問題は決して「対岸の火事」ではなく、国内の景気が冷え込んでいます。

国内外の景気の悪化によって、自動車などの高額品がさっぱり売れなくなって、経営環境の悪化に直面した自動車メーカー、電気機械メーカーをはじめとする製造業が、相次いでリストラに着手するようになったのです。

企業がリストラを実施する場合、最初に人員整理の対象になるのは、派遣社員をはじめとする非正社員の人たちです。

日本の企業は、これまで正社員を非正社員に切り替えてきましたが、この背景のひとつには、非正社員だと、景気が悪くなったときに、雇用調整がしやすいということがあります。どの企業も従業員に占める非正社員の割合が高まっているので、これから景気が一段と悪化していく過程で、さらに非正社員の失業者が増加する可能性があります。

「2009年問題」でさらに大量の失業者が

また、製造業で働く派遣社員の場合には、いわゆる「2009年問題」が雇用環境に影を落としています。「2009年問題」とは、製造業において、2009年中に派遣期間が満了する派遣社員が大量に出てくる問題のことを指します。「2009年問題」には、「労働者派遣法」の改正や「偽装請負」の問題が密接に関係しています。

順を追って整理していくと、まず、2004年に「労働者派遣法」が改正されて、それまでは認められていなかった製造業への派遣が解禁されることになりました。

当時、製造業の現場では人員が圧倒的に不足していたため、「労働者派遣法」の改正を歓迎して、多くのメーカーが派遣社員を積極的に受け入れるようになりました。また、製造業では、2007年3月に、それまで最長1年間であった派遣可能期間が最長3年に延長されることも決まりました。

そして、製造業が派遣社員を大量に受け入れた年が2006年でした。なぜ、2006年に製造業が派遣社員を大量に受け入れることになったのかといえば、実はこの年に大手メーカーを中心に「偽装請負」（業務を請け負った業者が現場で監督をせず、請負社員を受け入れたメーカー側が監督する状態）をしていたことが発覚したという事情があります。

「偽装請負」の問題が明るみに出たため、一部の大手メーカーは、非正社員の雇用について、急遽《きゅうきょ》、請負社員としていた雇用形態を派遣社員の雇用形態に切り替えるようになったのです。

製造業の派遣可能期間が3年となり、2006年中に製造業が大量の派遣受け入れをしていた事実を考慮すると、2009年春頃から派遣期間が通算で3年になる企業がかなりの数で出てくることが予想されます。製造業の大幅な生産調整と、派遣社員の「2009年問題」が重なることによって、今後、製造業から大量の派遣失業者が出てくる可能性が高いといえます。

もちろん、非正社員の人員調整が終われば、今度は、正社員の人員整理が始まることになります。

正社員の雇用調整は2009年以降、本格化するとみられ、日本の雇用・所得環境は、これから1～2年程度の間に非常に厳しいものになると予想されます。

こうした厳しい雇用情勢をかんがみて、政府は、今後3年間で総額2兆円に上る雇用対策を実施することを決定しました（2008年12月9日）。雇用の維持と新規雇用の創出によって、140万人の雇用を下支える予定です。今回の雇用対策は非正規雇用労働者への支援が柱になります。不適切とみられる派遣社員の契約途中の解雇などについては、政府がその是正を求めていきます。また「雇い止め」が横行することのないように、派遣社員を正社員にした企業には1人あたり100万円を支給する（大企業については50万円）という政策も打ち出されました。さらに、契約途中の解雇などによって、社員寮を追い出されて住む場所すらなくなってしまう非正規雇用労働者も出てきているため、空いている雇用促進住宅1万3000戸に、そうした人たちが入居できるようにもします。

また政府は、会社の都合で失業して住居を失った非正規労働者に対して、当面の生活費として最大で186万円を低利で融資することも決めました（2008年12月12日）。この制度では、敷金など住居に入居するための初期費用として50万円、家賃補助費を月額6万円で6カ月融資します。また生活・就職活動費として最大100万円を融資します。

ただ、予想以上に早いスピードで景気が悪化しているため、政府の雇用対策によって、企業の「雇い止め」の横行に歯止めがかかるかどうかは不透明です。財政事情も苦しくなっていますが、雇用対策の規模をさらに拡大する必要が出てくる可能性が高いといえます。

ついに原則禁止となる「日雇い派遣」

次に、派遣社員のなかでも1日単位で職場が変わる「日雇い派遣」ビジネスの実態についてみていきたいと思います。2008年10月24日、厚生労働省は「労働者派遣法」の改正案を発表しました。今回の改正案には、「多重派遣」や「データ整備費の徴収」「禁止業務への違法派遣」などで、それまで社会的に様々な批判を浴びてきた「日雇い派遣」の原則禁止が盛り込まれています。

すでに、日雇い派遣大手の各社は、実際の法改正施行に先行する形で日雇い派遣事業から撤退するようになっています。

たとえば、業界最大手だったラディアホールディングス（旧グッドウィル・グループ）は、2008年7月に、日雇い派遣事業の廃業を決定しました。

また、業界第2位であったフルキャストホールディングスも、日雇い派遣事業を2009年9月末までに廃業すると発表しています。

「日雇い派遣」の業務が禁止されることになれば、「ワーキングプア」やそれに近い状態に陥っていた低賃金・不安定雇用の若者たちが、派遣業者に搾取されるといったことがなくなるため、過酷な労働環境と希望のない人生から脱却することが可能になるといわれています。

ただ、「日雇い派遣」が禁止になっても、日雇いで働く人がなくなるというわけではありません。他に働き口がないので、やむを得ずアルバイトなどで生計を立てている若者たちはたくさんいます。「日雇い派遣」の業務が禁止されると、それまで日雇いで働いていた若者たちは、日雇いの働き口を自分で探さなくてはなりません。

「日雇い派遣」を禁止するにしても、それまで「日雇い派遣」に登録して働いていた人たちが、企業にアルバイトなどで直接雇ってもらうことができなければ、その人たちは一時的に職を失って、生活環境がますます厳しくなってしまう可能性もあります。

企業にとっても、「日雇い派遣」が禁止されると大きな痛手となります。物流関係をはじめ「日雇い派遣」の受け入れを前提にビジネスを展開している企業がたくさんあるため、そうした企業では、広告を出してアルバイトを募集するなど、従来のビジネスモデルの見直しを迫られることになります。

「労働者派遣法」の改正案のうち、「日雇い派遣」の禁止に限って、他の項目より遅れて施行される予定になっているのは、「日雇い派遣」で働いていた若者が円滑に直接雇用にシフトするための猶予期間を考慮してのことです。

厚生労働省は、日雇い派遣が正式に禁止されるまでの期間、インターネットなどで日雇いのアルバイトを紹介するシステムを拡充させる予定です。同省は、日雇いのアルバイトを紹介することによって、日雇い派遣禁止の負の影響をマイルドなものにできるとしています。

政府だけでなく、民間企業の間でもこれまで日雇い派遣事業を行っていた会社などが、新たに日雇い紹介事業を立ち上げるといった動きが出てきています。

「六重派遣」で給料の半分をピンハネされる

それでは、改めて「日雇い派遣」の業務の実態について詳しくみていきたいと思います。現在、不安定な雇用・低賃金に苦しむ非正社員のなかでも、とりわけ悲惨な状況となっているのが「派遣」という雇用形態なのです。

こういうと、一昔前の派遣社員を知っている人は意外に思われるかもしれません。確かに、かつての派遣社員は、IT（情報技術）関連業種を中心にスペシャリストとして正社員並みの高収入を得ていたのですが、規制緩和で派遣の対象業務が拡張されてからは、その地位が大きく低下しました。

派遣期間の短縮化もどんどん進んで、派遣社員は、企業にとって使い捨てがきく雇用の調整弁になり下がってしまったのです。

派遣労働者をめぐっては、最近になって様々な事件が起きています。ひとつが、日雇い労働者の違法な派遣です。

現行の「労働者派遣法」では、港湾業・建設・警備への派遣が禁止されています。なぜかといえば、これらの業務が危険を伴う作業となっているためです。

しかし、実際のところは、法令を守らずにこうした危険な業務にもスタッフを常態的に派遣している業者がかなりの数に上るといわれます。大手の人材派遣会社であっても、違法派遣を行っています。

たとえば、2007年12月には、日雇い派遣大手のグッドウィルが、港湾業務へのスタッフ派遣を繰り返していたことが明らかとなりました。これを受けて厚生労働省は、2008年に同社の全国約800の事業所に対して数カ月の業務停止命令を出しています。

また、人材派遣大手のフルキャストでも、2008年8月にスタッフを港湾業務に派遣していたことが発覚しました。厚生労働省は、全国で300を超える同社の全事業所に対して1カ月～2カ月の業務停止命令を出しています。

このような問題が相次いだことから、先ほど紹介したような、日雇い派遣の禁止という政策が出てくるようになったのです。

派遣という雇用形態が抱えるもうひとつの大きな問題は、「二重派遣」や「偽装請負」といった違法行為です。「二重派遣」や「偽装請負」とは、耳慣れない言葉ですが、どのような行為を指すのでしょうか。

まず、「二重派遣」というのは、たとえば、派遣元会社Aが労働者Eを企業Bに派遣して、企業Bがさらに別の会社Cに、労働者Eを派遣するという行為です。

このような「二重派遣」行為が横行すると、派遣社員の賃金は、派遣会社に次々にピンハネされていくことになり、最終的に派遣社員の手元に残る賃金は、スズメの涙ほどのわずかなものになってしまいます。実際の事件では、「六重派遣」の被害にあっていた派遣労働者も存在します。何段階にもわたってピンハネをされると、1日の給料は、当初の1万2000円程度から最終的には6000円程度にまで減ってしまうのです。

「二重派遣」をすることは違法なので、一部の企業は、オモテ向き請負契約という形にして、実態としては「二重派遣」に近いことをしています。

どういうことかというと、まず、派遣元会社Aが派遣先会社Bに労働者Eを派遣します。すると派遣先会社Bは、最終的なユーザー会社Cと請負契約を結んで、労働者EをCに派遣します。B社とC社が結んでいるのは派遣契約ではなく請負契約なので、二重派遣にはあたらないというわけです。

請負契約の形なので、指揮命令系統は、C社ではなくB社に属しているのですが、実際には、指揮命令系統がC社のほうにあったりします。このような請負契約は「偽装請負」といわれています。

大手家電量販店を舞台にした悪質な暴行事件

読者のみなさんは、かつて、ヨドバシカメラの携帯電話売り場を舞台に起きた暴行事件を覚えているでしょうか。

当時、20代であったAさんは、2002年10月から2003年3月まで、人材派遣会社に所属し、東京都内のヨドバシカメラ店舗で、DDIポケット（現ウィルコム）の携帯電話販売に従事していました。

その間、仕事上のミスや遅刻などを理由に、人材派遣会社の社員やヨドバシカメラの社員からたびたび暴行を受けていたということです。

2003年3月14日には派遣会社社員がAさんの自宅に押しかけて、母親の目の前で、三十数回けるなどし、Aさんは肋骨《ろっこつ》を折る大ケガを負いました。母親は作家であったのですが、Aさんが暴行を受ける現場を目の当たりにして、心理的ストレスから執筆ができなくなってしまいました。

Aさんとその母親は裁判を起こし、東京地方裁判所は2005年10月4日、ヨドバシカメラと派遣会社の従業員に対して、合計560万円の賠償を命じました。

なぜ、このようないまわしい事件が起きてしまったのでしょうか。

これには、派遣社員であったAさんが、派遣先において非常に弱い立場におかれていたことが影響しています。

暴行を受けたAさんは、DDIポケットに派遣されていたのですが、そこからさらに、請負契約という形で、ヨドバシカメラに派遣されていました。

派遣会社、DDIポケット、ヨドバシカメラの3社の関係において、派遣社員の最終的なユーザーであるヨドバシカメラは、売り場を提供するということで絶対的な権限を握っており、安い人件費で派遣社員を都合よく使っていました（売り場を確保するために、DDIはヨドバシカメラの人件費を肩代わりしていました)。

請負契約なので、本来ヨドバシカメラには、Aさんに対する指揮命令権はないのですが、実際には厳しい管理をしており、これは悪質な偽装請負であったといえます。

派遣社員を軽視する考えがヨドバシカメラの側にあったために、結果として、このような暴行事件が起きることになったのではないでしょうか。

違法な「二重派遣」「偽装請負」が常態化

このような問題は、ヨドバシカメラだけにとどまりません。他の家電量販店やスーパー、ホームセンターなどにおいても、「二重派遣」や「偽装請負」、あるいはそれに近い行為が行われていた事実が明らかになっています。

これまで、ヨドバシカメラを含めて一部の家電量販店では、家電メーカーが受け入れている派遣社員を、さらにヘルパーという形で自社の売り場に派遣させていました。ヘルパーというのは、家電メーカーが家電量販店に無償で送り込む販売員のことを指します。

家電メーカーが、自社で採用している正社員をヘルパーとして家電量販店の売り場に行かせることは、法律上なんら問題はありません。

他方、家電メーカーが派遣社員をヘルパーとして家電量販店の売り場に行かせる場合には、家電量販店と家電メーカーが労働者派遣契約を結んでいないため、派遣社員に対する指揮命令権は、家電量販店にはないということになります。

しかし、実際には、家電量販店の社員が、家電メーカーから送られてきた派遣社員に営業上の指示を出したり、あるいは棚卸の手伝いなどをさせていたのです。

最近の事例を挙げると、2007年1月には、大阪労働局が「二重派遣」の疑いでヤマダ電機の駅前大型店「LABI1なんば」に立ち入り検査を実施しました。同店がヘルパーに直接業務の指示を出して、「職業安定法」44条に抵触している可能性があったためです。

さらに同年5月には、今度は公正取引委員会が、「独占禁止法」違反の疑いでヤマダ電機に立ち入り検査を行いました。

ヤマダ電機が取引先の家電メーカーにヘルパーを要請することは、「優越的な地位の乱用」にあたり、「独占禁止法」19条に抵触している可能性があったためです。

大阪労働局と公正取引委員会の立ち入り検査を受けて、ヤマダ電機は、ヘルパーの運営体制を見直すことを決定しました。

大阪の「LABI1なんば」と仙台の「LABI仙台」については、2007年に、家電メーカーからの派遣社員の受け入れを廃止して、自社が派遣会社から直接受け入れた販売員に切り替えました。先に紹介したヨドバシカメラでも、すでにヘルパー制度の全面廃止を決定しています。

日本を代表する大手メーカーでも横行

残念な話ですが、最近では、大規模小売店だけではなく、製造業においても「二重派遣」や「偽装請負」の問題が噴出するようになっています。

たとえば、事務用機器やカメラ、光学機器などを製造・販売するキヤノンでは、正社員が請負労働者を指揮・監督する「偽装請負」の事実があったとして、2003年から2005年にかけて、労働局から7件の指導を受けています。

なぜ、キヤノンがわざわざ「偽装請負」をしていたのでしょうか。

その理由は、「派遣契約」ではなく「請負契約」にしておけば、派遣の契約期間を気にすることなく、安い人件費でいつまでも労働者を現場で正社員並みに働かせることができるからです。

派遣契約の場合、労働者を正社員並みに働かせても、契約期間が満了すればそれで終わりだし、仮に継続して働いてもらおうとすれば、受け入れ先の企業がその派遣社員を正社員などの形で直接雇用する義務が生じます。

ところが、請負契約の形をとれば、いくら労働者を正社員並みに働かせても、企業はそうした心配をする必要がないのです。労働者にとってみれば、企業に馬車馬のようにこき使われた挙句に、正社員にもなれないのだから、たまったものではありません。

「偽装請負」の問題が発覚した後、キヤノンは、国内の製造部門で働く派遣労働者や請負労働者のうち約3500人を2007年度から2008年度の2年間で直接雇用に切り替えることを決定しました。

また、松下（現パナソニック）グループにおいても、「偽装請負」の問題が明るみに出ました。これは、松下電器産業の子会社である「松下プラズマディスプレイ」（MPDP）が、大阪にある茨木工場において、請負会社に自社の社員を大量出向させていたというものです。

2005年7月に、大阪労働局が、「職業安定法」に違反するとしてMPDPに是正指導を行ったのですが（このとき、MPDPは請負契約を派遣契約に切り替えた）、再度違反行為が行われたため、2006年11月には、大阪労働局によって行政指導が実施されました。

請負契約であれば、MPDPには、指揮命令権がないわけですが、実際にはMPDPの社員が直接請負会社に出向いて、請負社員に対して業務上の指示を出していたとされます。

ここで取り上げたキヤノンや松下グループ以外にも、「偽装請負」をしている大手メーカーは多数存在しているというのが実情です。「偽装請負」に近い行為を行っている企業も山ほど存在するといわれています。

そして、一部の企業では、「二重派遣」や「偽装請負」が、すでに収益を出すためのビジネスモデルになってしまっているところもあるのです。

企業による「偽装請負」の被害にあって、過労自殺をする労働者も出てきており、このような歪んだ現実を早急に改善する必要があるでしょう。

続々と発覚した日雇い派遣大手の二重派遣

すでに廃業している日雇い派遣大手のグッドウィルは、派遣労働者を二重派遣していました。これは、佐川急便の子会社で物流大手の「佐川グローバルロジスティクス」（SGL）が、グッドウィルから派遣労働者を受け入れて、そこからさらに別の会社に同じ派遣労働者を送り込んでいたというものです。

SGLは、2004年11月から2007年8月までの期間、グッドウィルから受け入れた派遣労働者（延べ約1万1000人）を、静岡県浜松市内にある通信販売会社の倉庫に派遣して、商品の仕分け作業を行わせていました。

しかも、SGLは「労働者派遣法」で定められた派遣可能期間（1年間）を大幅に超過して、グッドウィルから受け入れた派遣労働者を働かせ続けていたということです。グッドウィルとSGLは、「労働者派遣法」に基づいた派遣契約さえ、きちんと結んでいませんでした。SG

Lは、グッドウィルのほか、京都の人材派遣会社「ヴィプランニング」との間でも二重派遣を行っていたことが判明しています。

このような悪質な二重派遣の発覚を受けて、厚生労働省は、グッドウィルに対して事業改善命令を出したほか、SGLや「ヴィプランニング」に対しても事業改善命令を出すことを決めました。

グッドウィルをめぐっては、SGL以外でも二重派遣の事件が次々に発覚しています。たとえば、東京都のリース会社「東和リース」は、グッドウィルから受け入れた日雇い派遣労働者をさらに都内の港湾現場に派遣して、別の港湾荷役業者のもとで働かせていました。

2007年2月に港湾荷役業者のもとで働いていたグッドウィルの派遣スタッフが、港湾業務で作業中、大ケガ（荷崩れに巻き込まれて左ひざを骨折、全治3カ月の重症）をしたことから、二重派遣の事実が明らかになったのです。

このケースでは、グッドウィルは「職業安定法」（二重派遣の禁止）と「労働者派遣法」（港湾業務への派遣の禁止）の両方に違反していたことになります。

グッドウィル側は、派遣労働者が派遣先で港湾荷役の業務を行っていた事実を把握していなかったとしていますが、実際には港湾荷役を行った派遣労働者に対して1日あたり500円の手当てを支給しており、港湾荷役の実態を把握していた可能性が高いとみられます。

「東和リース」は派遣業の営業許可を受けていないため、厚生労働省は、同社を職業安定法違反の疑いで警視庁に告発しました。

また、千葉県の人材派遣会社の「グローバルサポート」も、2006年5月2日から2007年6月25日にかけて、グッドウィルから受け入れた派遣労働者を、千葉県内にある物流管理会社に二重派遣していました。厚生労働省は「グローバルサポート」にも事業改善命令を出しています。

さらに、西武グループの運輸会社「西武運輸」も、2007年8月から9月にかけて、グッドウィルから受け入れた日雇い派遣労働者を、さらに別の物流会社に派遣していました。二重派遣の被害にあっていた派遣労働者は、多いときで1日あたり70人に上ったということです。

グッドウィルに登録して働いていた派遣労働者の人たちは、これだけ二重派遣が横行していた事実に衝撃を受けています。

不透明な「データ装備費」「業務管理費」の天引き

日雇い派遣市場で7割という圧倒的なシェアを握っていたグッドウィルとフルキャストの2社は、創業以来、業界の慣習として、派遣スタッフに支払う給与から不透明な天引きを行っていました。

グッドウィルのほうは「データ装備費」の名目で、2007年5月まで、派遣の仕事1回につき200円を派遣スタッフの給与から天引きしていました。一方、フルキャストのほうは「業務管理費」の名目で、2007年2月まで、派遣の仕事1回につき250円を派遣スタッフの給与から天引きしていました。

「データ装備費」や「業務管理費」は、事故が起きてケガをしたときの保険料や備品が破損したときの保険料、情報管理のための費用という名目になっており、給与天引き問題が表面化した際、グッドウィルとフルキャストの両社は、「支払いは任意で派遣スタッフへの説明もしてきた」と主張しました。

しかし、2006年の秋に発足した労働組合グッドウィルユニオンとフルキャストユニオンは、「会社側からそのような説明は受けていないし、天引きに同意をした覚えもない」と主張して、これまで天引きされた給与の全額返還を要求します。

作業中に派遣スタッフが何針も縫うような大ケガをしても保険が下りることはなかったということです。

また、グッドウィルの場合、支店ベースで「データ装備費」の徴収がノルマ化されていたとも指摘されています。そうだとすれば、「データ装備費」の天引きは、任意ではなく強制ということになるでしょう。

「データ装備費」や「業務管理費」は、その使途などに不透明な部分が多く、会社が派遣スタッフからピンハネしていた、あるいは賃金不払いだったと受け取られても仕方ない側面があるのではないでしょうか。

「給与から200円ぐらい天引きされたとしても、大騒ぎするほどのことではないのではないか」と考える読者もいるかもしれません。しかし、それは日雇い派遣で働いている人たちの窮状や惨状を知らないから言えることです。

汗水たらして一生懸命働いても日給が5000〜6000円程度にしかならない日雇い派遣労働者にとってみれば、たとえわずか200円という金額であっても、それは貴重な生活費の一部なのです。

労働組合からの返還要求を受けて、フルキャストのほうは、スタッフへの説明が十分でなかったことを認めたうえ、2007年2月に「業務管理費」を廃止、創業時の1992年まで遡って「業務管理費」を派遣スタッフに返還することを決めました。

一方、グッドウィルは、2007年5月に「データ装備費」の廃止を決定したものの、1995年の創業時までは遡らず、返還される金額は過去2年分にとどめると発表しました。

これを不服とするグッドウィルの派遣スタッフ26人は、「データ装備費」の全額返還（返還要求額は約455万円）を求めて東京地方裁判所に訴訟を起こしており、グッドウィルと派遣スタッフは現在裁判で係争中となっています。

建設・内装作業の請負会社「エム・クルー」も、「安全協力費」「福利厚生費」の名目で、登録している日雇い派遣労働者が1回働くごとに、300〜500円を給料から天引きしていました。天引きの金額は、グッドウィルやフルキャストよりもずっと多くなっていました。同社は、労働組合エム・クルーユニオンとの団体交渉で天引きの根拠が不透明であったことを認め、天引きを2007年10月から廃止することを決めました。過去2〜3年の天引き分については労働者に返還すると発表しています。

危惧される「サービス残業」「過労死」問題の深刻化

これまで、日雇い派遣の問題についてお話をしてきましたが、企業側に搾取されているのは、派遣労働者をはじめとする非正社員に限った話ではありません。正社員についても「サービス残業」（ただ働き）など、労働への対価を企業から受け取っていないといった問題が出ています。

最近では、労働者のサービス残業や過重労働を助長する新たな問題として、いわゆる「名ばかり管理職（偽装管理職）」が増えています。

「名ばかり管理職」というのは、企業が一部の従業員に対して、管理職（管理監督者）の肩書きを付与しておきながらも、実質的には、採用や懲戒、解雇など重要な事項に関する権限や裁量を与えず、一般労働者と大差のない仕事をさせているような場合を指します。

「名ばかり管理職」となった従業員は、名目上は管理職となるため、残業代支払いの対象からは除外されます。その結果、長時間労働・低賃金労働を余儀なくされ、非管理職よりも賃金が下がるといういびつな状況が生まれるのです。

その一方、企業側は、従業員に占める「名ばかり管理職」の割合を高めることを通じて、全体の残業代を浮かすことができるというメリットが生じます。

つまり、企業が人件費を削減するための便利な道具として「名ばかり管理職」が利用されているということです。

「労働基準法」41条は、「管理監督者」に対しては、労働時間や休憩、休日に関する一般的な規定の適用対象外にすることを認めています。

ただし、ここでいう「管理監督者」というのは、経営と一体的な立場にあることが前提となっており、企業内で課長以上の肩書きの付いた「管理職」であっても、待遇・処遇によっては、すべての「管理職」が「管理監督者」とみなされるわけではありません。

したがって、「名ばかり管理職」は、「労働基準法」41条に抵触する恐れがあるということです。

大手ハンバーガーチェーンのマクドナルドの店長が訴訟を起こしたことから、「名ばかり管理職」が社会的に大きな問題として取り上げられるようになりました。

訴訟を起こした男性は、店長の肩書きであっても、実質的には清掃や調理などアルバイトと同種の仕事をさせられ、残業時間が月１００時間を超えることや、2カ月間休みがないこともあったとしています。残業時間が月80時間を超えると「過労死」の可能性が高まるといわれているので、訴訟を起こした店長は「過労死ライン」を超えて長時間労働をしていたということです。

２００8年1月28日、東京地方裁判所はマクドナルドの店長は管理職に相当しないと判断して、マクドナルド側にそれまでの残業代の支払いを命じる判決を出しました。マクドナルドは、判決を不服として控訴しています。

「名ばかり管理職」の問題は、外食業界に限った話ではありません。最近では、小売・飲食店などでも、同種の問題が広がりつつあります。２００8年8月22日には、横浜地方裁判所が、紳士服大手コナカで働く2人の店長が「名ばかり管理職」であったと認定しました。

このような状況に鑑みて、厚生労働省は、２００8年9月9日、「名ばかり管理職」問題を解決するため、チェーン展開する小売・飲食店の店長を対象に「名ばかり管理職」の適用範囲を示す通達を全国の労働局に出しました。通達では、店長（管理職）が「労働基準法」41条の

「管理監督者」にあたらない要件を明示しています。

しかし、この通達に対しては労働者の側から批判の声が上がっています。どのような批判が上がっているかといえば、この通達においては、「管理職」＝「管理監督者」と認定される基準のハードルが低く、企業が相応の権限を付与すれば、「管理職」＝「管理監督者」の基準を簡単にクリアしてしまうというのです。

企業がこの通達の基準に従って管理職を任命するのであれば、かなりの人たちが、「労働基準法」41条に抵触せず、合法的に残業代がつかなくなる可能性が高く、低賃金と長時間労働を余儀なくされてしまいます。

厚生労働省は今回の通達を最低限の目安としていますが、労働者側から通達に対して批判が相次いでいることから、舛添要一厚生労働大臣は様子を見たうえで、この通達を見直す可能性があることを示唆しました。

現在の日本は景気後退局面に入っており、今後、多くの企業が、人件費の抑制姿勢を強めることが予想されます。そうしたなか、サービス残業や過労死の問題が深刻化するのを防ぐには、「名ばかり管理職」の横行に一定の歯止めをかける行政側の対応が是非とも必要です。

第4章
「安全」より「安さ」を選ぶしかない人たち

ジャンクフードを食べ続けて肥満になる貧困層

日本では所得格差の問題が深刻化しています。たとえば、総務省の『就業構造基本調査』によると、2007年に年収が200万円に届かなかった人たち（ワーキングプア）の数は1308万人に上り、5年前（2002年）に比べて約86万人の増加となりました。就業可能人口に占めるワーキングプア人口の比率も2002年の11・2％から2007年には11・9％へと上昇しています。

このように社会全体に占める低所得層の割合が高まると、消費にはどのような変化が出てくるのでしょうか。

大きな流れとしては、「低価格志向」が強まって、品質がよくて値段の高い商品やサービスが売れなくなり、その代わりに値段の安い商品やサービスが売れるようになります。ただし、「安さ」だけを追求して買い物をしていると、「安物買いの銭失い」になってしまうかもしれません。

値段が安いのは、それだけコストを削減しているからであって、コストを省いた分、商品やサービスの品質は劣化します。当然のことですが、値段と品質は反比例しやすいということです。

たとえば、ある主婦は値段が安かったので、中国製の冷蔵庫を購入しました。最初のうちは何も問題がなかったのですが、そのうちに冷蔵庫の中の温度が不安定になって、中に入れておいた食品が腐ってしまいました。保証書もついていなかったので、結局、値段の高い冷蔵庫を買いなおす羽目になってしまいました。

しかし「安物買いの銭失い」と言って済ますことができるのなら、まだましなほうです。一部の業者は、安く売ることを優先するあまり、最低限かけなくてはならないコストまで削減してしまうことがあります。世間を騒がせた耐震偽装事件では、住居を購入してそこに住む人の生命の安全までが、コスト削減によって脅かされていたのです。

そこで、第4章では「安さ」と「安全」の問題について、読者のみなさんと一緒に考えていきたいと思います。

最初に食品の問題について考えてみましょう。食生活においても「安さ」だけを重視するのは、非常に危険です。

たとえば米国では、貧困層の家庭が、毎日のように値段の安いジャンクフードを食べています。ジャンクフードは、栄養価はあまりないのですが、カロリーだけはすごい量で含まれています。その結果、貧困層の家庭では、肥満が蔓延《まんえん》するようになっているのです。肥満は豊かな食生活を送っている高所得層に限られた問題と思われがちですが、実はジャンクフードばかり食べている低所得層のほうが肥満になりやすいのです。

ジャンクフードを食べ続けて肥満になると、その後に糖尿病などを引き起こすことにもなります。しかも、貧困層の家庭は十分な医療費を支払うことができないので、糖尿病になっても治療をすることができず、症状がどんどん悪化することになります。

ただし、値段の安いジャンクフードばかり食べるのは、健康によくないとわかっていても、それ以前の問題として低所得の家庭は、食費が限られているので、オーガニック食品など健康によいとされる食品を購入することができないという問題があります。つまり、貧困層はジャンクフードを食べるしか選択肢がないということです。

このような問題は米国に限った話ではありません。日本においても、低所得層の人たちが、食事になるべくお金をかけないようにと、出来合いの弁当やファストフード、インスタント食品を日常的に食べる習慣が広がってきており、それによって肥満者が増えるといった問題が深刻化しつつあります。肥満の度合いが貧困の程度を示すバロメーターになってきているのです。

メタボリックシンドローム（内臓脂肪症候群）を減らすため、日本の政府は「食育（健康な食生活を送れるよう、食に関する様々な知識を身につけ、食の選択を行えるようにする取り組み）」の普及に力を入れています。しかし、低所得層の人たちの場合には、食育の実践よりも食費をいかに安く抑えるかが一番の関心事にならざるをえません。

このことは、各種アンケートの結果からも明らかです。たとえば、内閣府食育推進室が2007年5月に発表した『食育に関する意識調査』によると、「食育を実践していない理由」（複数回答可）として「食費を安くすることのほうが重要」と答えた人の割合は24・1％に上りました。これを職業別にみると、一般に年収が高いとされる管理職・専門技術の人では13・5％にとどまったのに対して、無職の人では29・5％と特に高くなっています。

このアンケートの結果からも、低所得層の場合には、収入制約が食育を実践することの大きな障害になっていることがわかります。

中国産冷凍食品抜きでは成り立たない日本の食卓

日本では、現在、消費者が値段の安い中国産食品の「安全性」に対して不安を強めています。全国きっかけとなったのは、2008年1月に起こったいわゆる「毒ギョーザ事件」です。全国の生活協同組合を通じて販売されていた中国産の冷凍ギョーザを食べた人がめまいや嘔吐《おうと》といった中毒症状を起こして入院しました。冷凍ギョーザを検査したところ、検査基準の1万倍を超える有機リン系殺虫剤「メタミドホス」が検出されたということです。「メタミドホス」は中国の製造工場で混入した可能性が高いとみられていますが、真相はうやむやになったままです。

また2008年9月には、中国で製造・販売されている粉ミルクから、「メラミン」という有害な化学物質が検出されました。この事件は、粉ミルクのメーカーに牛乳を納品する業者がインチキをしたために引き起こされました。どういうことかというと、業者は利益率を上げるため、牛乳を水で薄めて出荷していたのです。もちろん、水で薄めて牛乳を出荷すれば検査の段階でひっかかってしまいます。業者は、この検査において、牛乳に含まれるたんぱく質を窒素の含有量で計測することを知っていました。そこで業者は、たんぱく質と同様に窒素を多く含み、しかも値段がたんぱく質よりもずっと安い「メラミン」を牛乳に混入したというわけです。

人間が「メラミン」を含んだ食物を摂取した場合、「メラミン」が腎臓に蓄積され、腎臓結石となって腎臓の機能が低下してしまいます。実際、中国の乳幼児5万人に腎臓結石の症状が現れたということです。そして、「メラミン」が含まれていた粉ミルクは、日本の食品メーカーを通じて、日本の菓子パンやチョコレート菓子にも使用されていました。

さらに、2008年10月には、中国産の冷凍インゲンを口に入れた人が中毒症状を起こして入院しています。この冷凍インゲンを検査したところ、検査基準値の3万4000倍もの殺虫剤「ジクロルボス」が検出されました。高濃度の殺虫剤がいったい製造・流通工程のどこで混入したのか、まだ明らかにはなっていません。

このように中国産食品の安全性に疑問符がつくなか、今後、日本はどのように対応していけばいいのでしょうか。

中国産食品をいっさい輸入しないという方法もありますが、日本の食糧自給率の低さ（カロリーベースで約40％）を考えると、現実問題としてそれは難しいでしょう。中国からの冷凍食品の輸入量は年々増加傾向で推移しており、2007年には、輸入冷凍食品の66・5％が中国産で占められました（図表13）。すでに日本の家庭の食卓は、中国産食品と切っても切れない関係になっているのです。

中国産食品は、①人件費が安い、②地理的に日本に近いため輸送コストが安くてすむなどの理由から、圧倒的な価格競争力を持っており、仮に中国産食品をシャットアウトしてしまうと、日本人の食のコストが大幅に上がってしまいます。

やはり、中国に要請して、食品の「安全」を意識した検査を徹底してもらうことが必要でしょう。

また、それだけではなく、日本に入ってきた外国産の食品に対する水際での検査も徹底する必要があります。

その点、日本では、カビなどが生えて食用には使えないはずの「事故米」が学校の給食やお酒などに使われていたことが明らかとなっており、現状の検査体制は必ずしも万全といえず、今後は検査体制の強化が望まれます。

図表 13 | 中国産冷凍食品の輸入量の推移

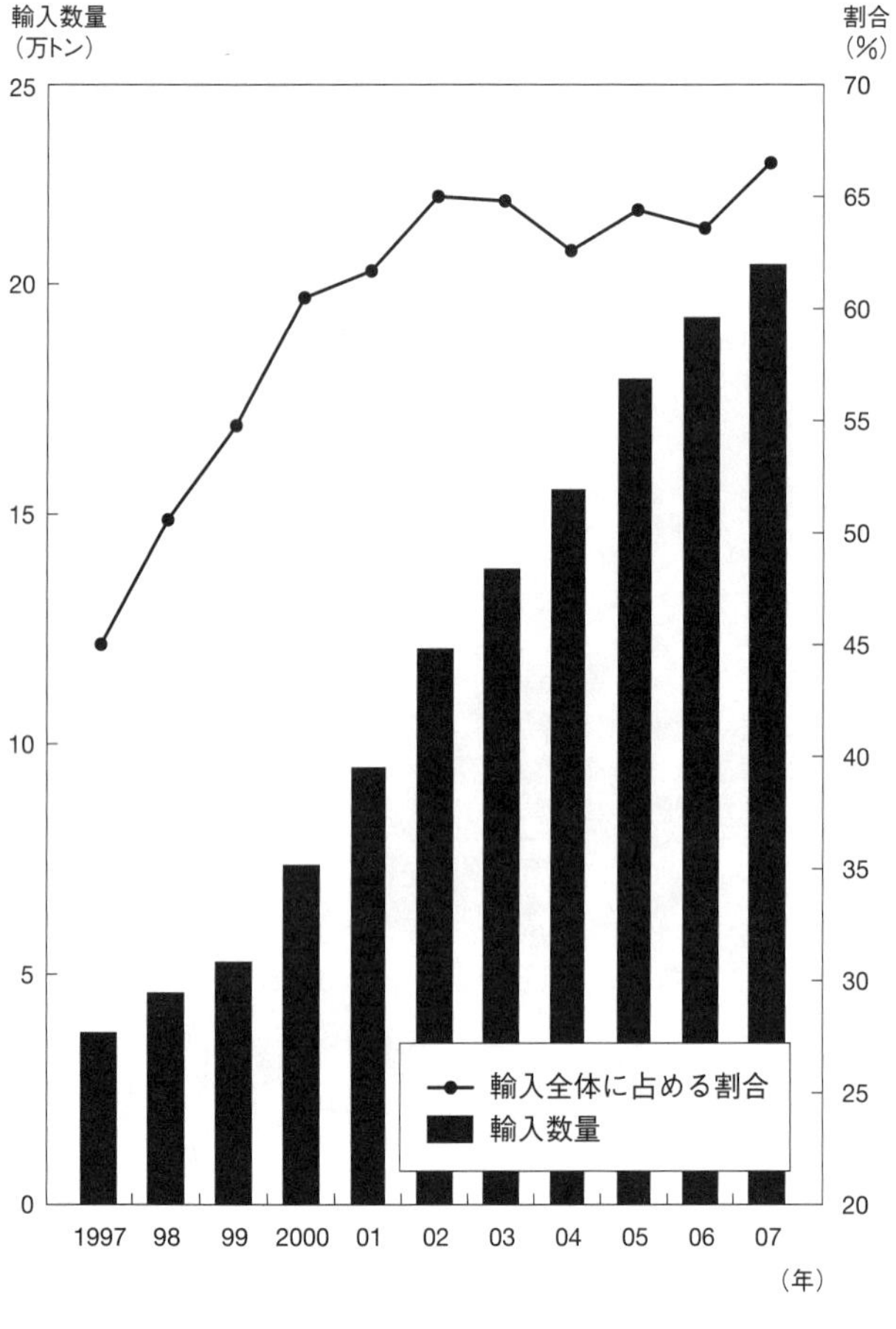

（出所）社団法人日本冷凍食品協会資料より作成

頭髪からつくられる恐怖の中国産格安醤油

中国の富裕層やニューリッチ層、中産階級の人たちは、国産食品の安全性に問題があることを知っていて、値段の安い国産食品の購入を避けています。富裕層やニューリッチ層、中産階級は、日本などから輸入された安全性の高い外国産の食品を購入しているのです。これらの食品は値段が高いので、中国の一般庶民は購入できません。

つまり、中国でつくられた安い食品、安全性に疑問符のつく食品は、最初から、貧困層の食卓や海外への輸出に回される仕組みになっているのです。海外への輸出先のなかには日本も含まれます。これは、まさに本書でいうところの「貧困ビジネス」に該当します。

それでは、中国産食品や薬品の安全性の問題について具体的な事例を挙げていきましょう。

中国では、安全や衛生よりも利益を優先する企業が多いことから、調味料のニセモノが大量に出回っています。たとえば、ニセ唐辛子。ニセ唐辛子は、トウモロコシの芯を粉末状にして、それに紅色の工業用染料を混ぜればあっという間に完成します。また、塩についても、値段の安い「工業塩」が「食塩」として堂々と売られていたりもします。

数ある手抜きのニセ調味料のなかでも、もっとも怖いのが、人間の頭髪からつくった醤油《しょうゆ》でしょう。

信じられないことに、中国で販売されている醤油のなかには、現在でも人間の頭髪を原料にしてつくったものが多数含まれているのです。

本来、醤油は大豆などから抽出するアミノ酸を使ってつくられます。しかし一部の悪徳業者は、頭髪からもアミノ酸が抽出できることに着目して、より安いコストで「頭髪醤油」をつくっています。

「頭髪醤油」は次のような工程でつくられます。まず、業者は、理髪店などで出てくる頭髪を大量に買い集めます。頭髪は、車で山東省や河北省にある醤油の生産工場に運ばれます。そして、醤油工場で毛髪からアミノ酸母液をつくり、これを全国で販売するのです。

恐怖の「頭髪醤油」には、発がん性物質が含まれている場合があり、知らないで使用すると人体にも無視できない影響が及びます。

中国では昔から、頭髪醤油を生産する業者が後を絶たず、政府は醤油の原料に頭髪を使うことを禁止する法令を出してきました。現在も、頭髪を使って醤油を製造することは違法行為です。

しかし、大豆の国際価格が高騰《こうとう》していることもあって、コストを削減するために、毛髪を使って醤油をつくる悪質な業者が後を絶たないというのが実情です。

また、世界中で中国製薬品による健康被害が相次ぎ、中国製薬品の安全性の問題がクローズアップされてもいます。

たとえば、中米パナマでは、中国産のグリセリンを使って風邪薬をつくったところ、実はそれがグリセリンではなく、ジエチレングリコール（DEG）であったという衝撃の事実が発覚しました。

パナマに輸出する際、中国の業者がジエチレングリコールをグリセリンと偽って、販売していたのです。このニセ風邪薬を服用したことによって数百人の子供が命を落としました。

ジエチレングリコールは有毒性の物質で、通常はプラスチック原料や凍結防止剤など工業目的で使われます。しかし、値段が安価であるうえ、独特の甘みがあるため、ジエチレングリコールを甘味料として医薬品などに混入するケースが後を絶たないのです。

また、パナマでは、中国製の歯磨き粉からもジエチレングリコールが検出されています。米国でも検査を強化したところ、中国製の歯磨き粉からジエチレングリコールが検出されました。

これを受けて、米食品医薬品局は、中国製の歯磨き粉を使わないよう、国民に呼びかけています。

「安全」に目をつぶり「安さ」を追求する個室型店舗

２００８年10月1日未明、大阪市の個室ビデオ店「試写室キャッツなんば店」で放火事件が発生、16人の死者が出る大惨事となりました。

犯人の男（46歳）は、生活苦から自暴自棄になって、新聞紙で放火をしたとみられています。「生活が苦しいから」というだけの理由で放火するのは言語道断ですが、個室ビデオ店に施設管理や安全対策の不備があったことも大きな問題といえるでしょう。

放火事件のあった個室ビデオ店に限らず、似たような業態（カラオケ店、ネットカフェ、マンガ喫茶など）の個室型店舗では、店側が「安さ」を追求すればするほど、それとは逆にコストのかかる施設管理や安全対策が手薄になるというトレードオフの関係になっているのです。

たとえば、個室型店舗の業態で客単価を安くして、それなりの収益を上げるには、狭いスペースにできるだけ多くの個室を設置しようというインセンティブが働きます。

そうすると、火災などが起きたときの逃げ道が十分に確保できなかったり、換気するための窓がなかったりと、安全構造上の様々な問題が出てくるようになります。

通常は、そうした問題を回避するため、行政による規制が行われるのですが、個室型店舗の場合、営業の内容が明確でないところも多く、「グレーゾーン」に入ってしまい、規制の対象にならないケースが少なくありません。

たとえば、個室ビデオ店の場合、アダルトビデオ、DVDを中心に取り扱っているのであれば、「風営法」の適用対象となり、警察への届け出が必要になるのですが、アダルトビデオ、DVD以外も一定の割合で取り扱っていれば「グレーゾーン」となり、届け出をしなくても可ということになってしまいます。

また、宿泊ができる施設は、「簡易宿泊施設」としての届け出義務が生じますが、宿泊施設であるかどうかの重要な判断基準は、寝具があるかどうかになっており、毛布だけを提供しているような場合、宿泊施設とはみなされないケースがあります。

実際、今回放火事件のあった「試写室キャッツなんば店」は、「風営法」の適用対象にもなっていなかったし、厚生労働省に「簡易宿泊施設」としての届け出もしていませんでした。つまり、この個室ビデオ店はなんら行政の規制対象とはなっていなかったのであり、したがって施設管理や安全対策の不備があっても、違反はみつかりませんでした。

今回の放火事件を受けて、大阪市は急遽、市内の個室型店舗333店を対象に、建築基準法に基づく立ち入り検査を行いました。その結果、約4割の128店で、非常用照明設備や非常用進入口の不備などの違反がみつかったということです。

今後は、個室ビデオ店やネットカフェ、カラオケ店、マンガ喫茶といった個室型店舗の業態について、個別店舗の営業実態を明らかにするとともに、なんらかの規制をかけて、安全面での行政指導を徹底していくことが不可欠といえるでしょう。

ニセモノ充電池入り携帯電話で爆死する人も

やみくもに「安さ」を追求するあまり、人々の生命までもが脅かされるようになっている実態を、中国の携帯電話を例に紹介しておきましょう。

現在、中国では、携帯電話の充電池の粗悪なニセモノが大量に出回っています。消費者から中国の品質監督局に寄せられる苦情のトップは、携帯電話に関するものです。

「買ったばかりの携帯電話なのに、充電池がすぐに切れてしまう」、「充電をしても10分程度しかもたない」といって怒り出す消費者は少なくありません。なかには、「最初から通話できないんですけどっ！」といった苦情もあります。

中国で携帯電話を買って、なんらかの不具合が発生した場合、その原因のほとんどは、端末機ではなくて充電池のほうにあります。充電池がニセモノにすり替えられているのです。

携帯電話の端末は新品であっても、充電池を値段の安いニセモノにすり替えて売っている販売業者は後を絶ちません。なぜ、わざわざ販売業者がそんなに手のこんだことをするかというと、ニセモノの充電池の値段は、本物と比べると10分の1以下ですむからです。

本物の充電池の値段は数千円はしますが、ニセモノの充電池の値段は150円程度にすぎません。販売業者は、携帯電話から本物の充電池を抜き取って、それを転売すれば1個につき数千円の大きな利益が得られるというわけです。

携帯電話の充電池のニセモノは、単に寿命が短いというだけの問題ではすみません。ニセモノの電池は、過剰充電や過剰放電により、突然、発火したり爆発したりする危険があります。実際、中国や香港では最近、携帯電話が突然爆発する事件が相次いでいます。2007年6月には、ついに携帯電話で爆死する犠牲者が出てしまいました。

携帯電話で爆死したのは、甘粛省酒泉市の工場で溶接作業をしていた男性工員です。この工員は、胸ポケットに米モトローラ社製の携帯電話を入れていたのですが、それが突然爆発しました。爆発の衝撃で、肋骨の破片が心臓に突き刺さり死亡したということです。

中国の当局が調べたところ、携帯電話はモトローラ社製でしたが、使われていた充電池はモトローラ社製のものではなかったということです。

2007年7月、中国の広東省工商行政管理局が、広東省で出回っている携帯電話の充電池の品質調査を実施したところ、なんとその4割が基準を満たしていませんでした。広東省で携帯電話を使っている人の4割は、爆死の危険にさらされているということになります。

これまでみてきたとおり、世の中で、収入が少なくて、安い商品しか買えない低所得層が増えてくると、安さだけを売りにした粗悪品が出回るようになります。一部の製造業者や販売業者は短期的な利益を得ることしか考えていないので、自社の商品の値段をできる限り安くするために、消費者の安全確保のために最低限必要なコストまで削ってしまいます。その結果、低所得層の人たちの健康や生命が脅かされることになります。

「商品の安全性が脅かされるようになったのは、消費者自らの責任ではないのか？」という議論もあります。これは、消費者がモノを購入する際、「安さ」を重視するようになったため、製造業者や販売業者は低価格を実現しようと無理をすることになり、その結果として、「安全性」が脅かされるようになったという理屈です。確かに、消費者が「安さ」を重視するようになっているのは間違いのない事実です。

しかし、よく考えると、消費者が「安さ」を重視するようになった背景のひとつには、収入の少ない家計が増えていることがあります。収入が少ない家計が増えているのはなぜかといえば、企業が従業員の非正社員比率を高めたり、賃金の引き上げを抑制したりしているからです。ですから、商品の安全性の問題は、消費者の側にも責任はあるし、企業の側にも責任があるといえるのではないでしょうか。筆者自身は、商品の安全性の問題について一番大きな責任があるのは政府だと考えています。

安全性を無視した悪質な「貧困ビジネス」が横行しないようにするには、どうしても政府の介入が必要になります。行政は、製造業者・販売業者の管理・監督を徹底するとともに、ルール違反をした業者に対しては厳しい罰を与えるべきではないでしょうか。

第5章

台頭する貧困対応型セックス・ビジネス

女性の雇用を下支えしてきたセックス・ビジネス

所得格差の拡大によって、格差社会の底辺に位置する低所得層が増えてくると、様々なビジネスに広くその影響が及んできます。

これまでの日本では、低所得層が増えると同時に富裕層やニューリッチ層も増えていたので、富裕層ビジネスが活況を呈していました。しかし、欧米で起こった金融危機が世界的な広がりを見せるなか、今後は、富裕層・ニューリッチ層の没落などによって、低所得層が一方的に増えていくことが予想されます。

社会にそのような変化が生じたときにマイナスの影響を強く受けるのは、もともと一定の収入や資産残高を保有している人たちを対象にしてビジネスを展開してきた業界です。

低所得層の増加によってマイナスの影響を受けやすい業界としては、たとえば全体の顧客に占める富裕層・ニューリッチ層の割合が高いデパート業界などが挙げられます。日本百貨店協会の資料によると、百貨店の売上高の伸び率は2000年代後半以降、徐々にマイナス幅が縮小する傾向にあったのですが、2008年に入ってからは再び売り上げが大きく落ち込むようになっています（図表14）。また、宝飾・貴金属の販売店や高級ホテルなども影響を受けることになるでしょう。

図表14｜百貨店の売上高の推移

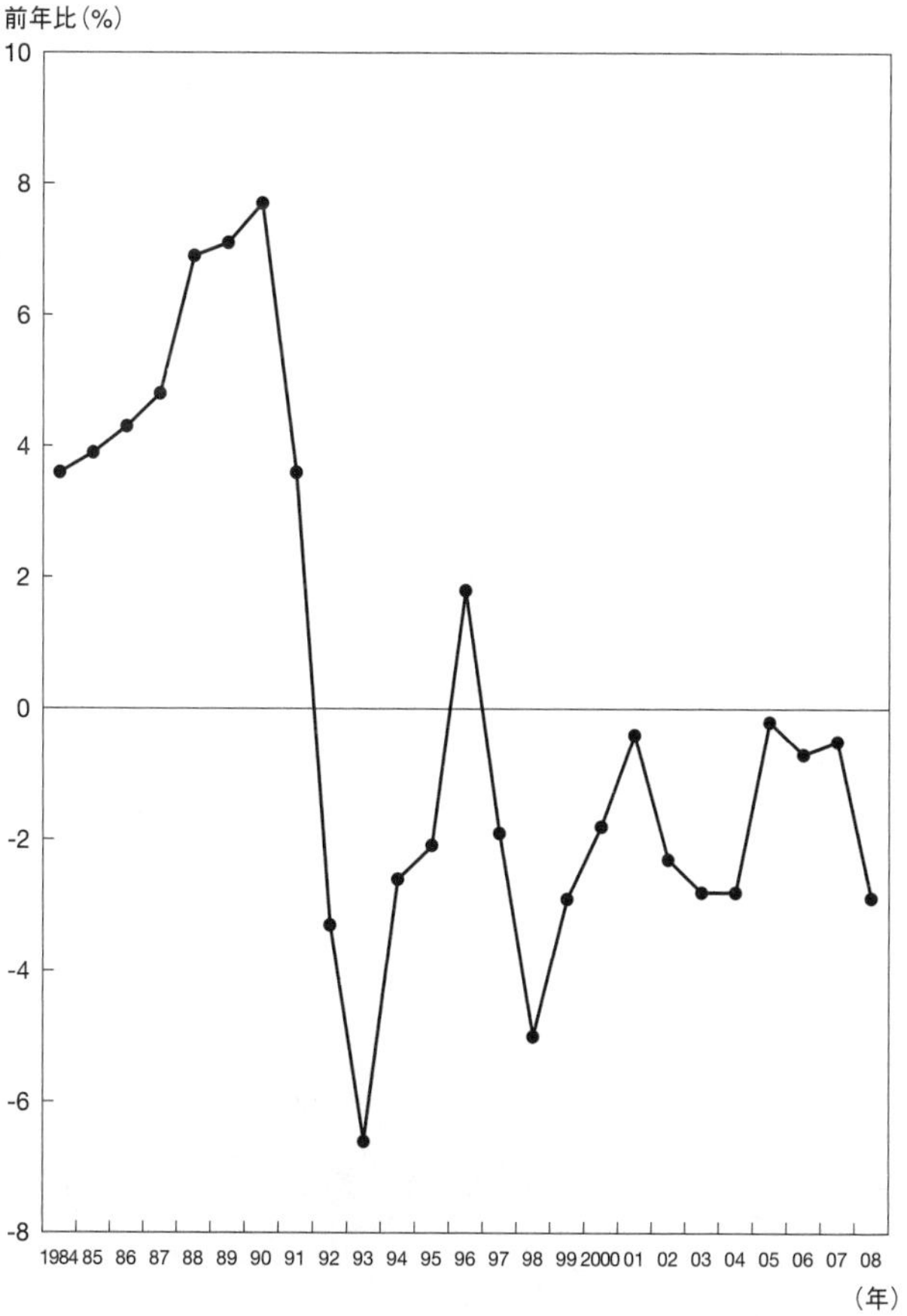

（出所）日本百貨店協会資料より作成、2008年は1～9月期の前年同期比

さらには、これは見逃しやすい視点ですが、一定の収入以上の顧客をターゲットにビジネスを展開しているセックス関連のビジネスも、低所得層が増えると大きな打撃を受けます。

今、低所得層の独身男性は、使えるお金の厳しい制約に直面して性風俗産業（キャバクラを含む）に通うことが困難になっているのです。

そこで第5章では、低所得層が増えることによって恩恵を受ける「貧困ビジネス」とは逆の関係にある日本のセックス・ビジネスについて、詳しくみていきたいと思います。

これまで、セックス・ビジネスは不況知らずといわれてきました。それは、セックス・ビジネスが提供する各種のサービスが人間の本能に根ざした欲望を対象としているため、景気循環の波にかかわりなく、常に一定の需要が期待できたためです。生きとし生けるものは、食べる習慣と同様に、セックスを楽しむ習慣も決してなくすことはできないということです。

実際、「待ち行列理論」（サービスを受けるまでの待ち時間と店内の個室の数、営業時間から1日の客数を推定する方法）などを使った筆者の推計によると、セックス・ビジネスの売上高（ここではソープランド、ファッションヘルス、ホテトル、デリバリーヘルスの売上高の合計とする）は、1990年代に1・5兆円前後で安定的に推移した後、2000年代に入ってからはデリバリーヘルスの台頭などによって売上高が急増するようになり、ピークの2005年の売上高は約2・8兆円に達しました（図表15）。

図表15｜性風俗産業の売上高の推移

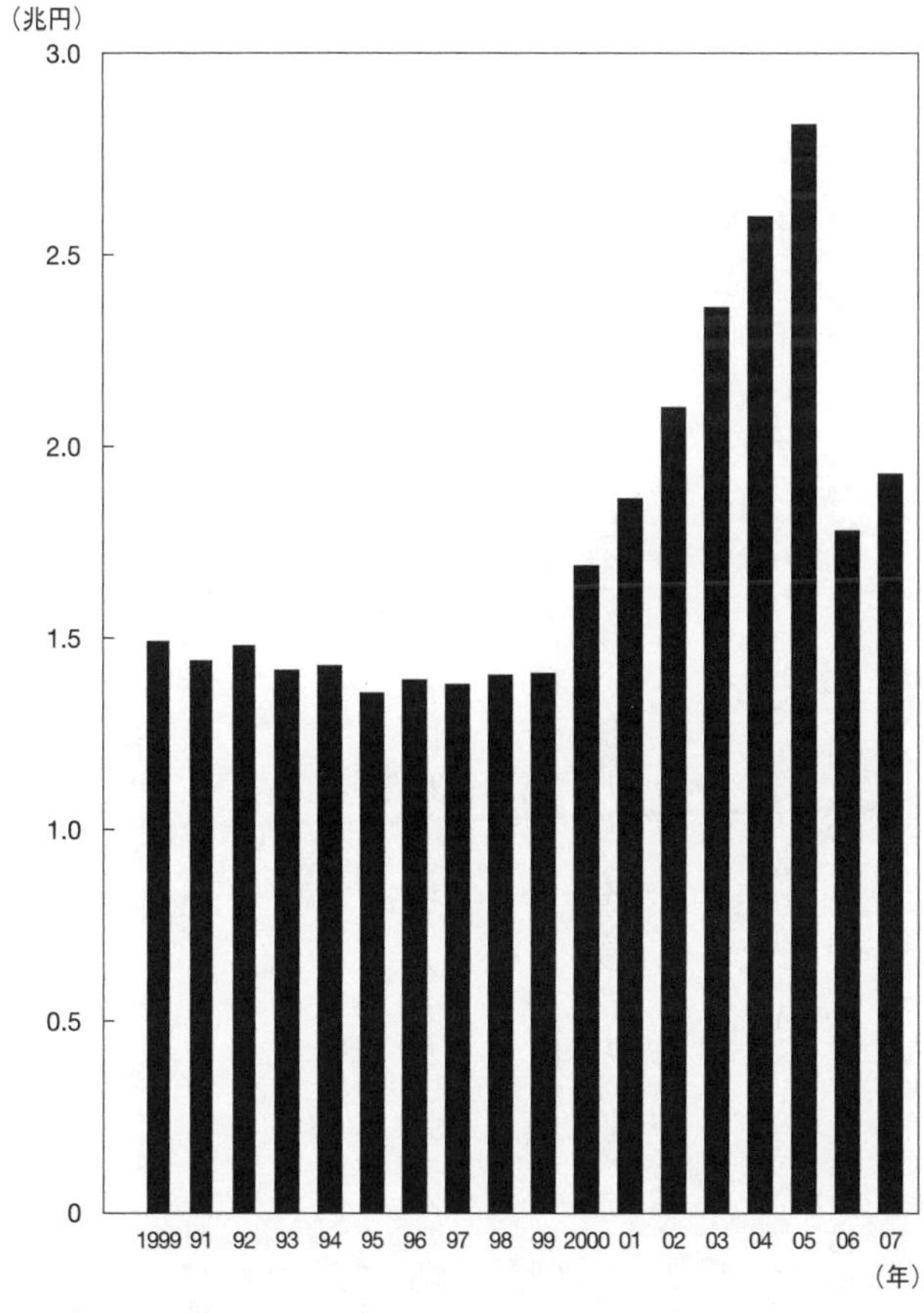

（出所）「待ち行列理論」などに基づき筆者推計
（注）ソープランド、ファッションヘルス、ホテトル、デリバリーヘルスの売上高の合計

売上高が急拡大するなか、性風俗店で働く女性たちはたくさんの収入を得て、普通のＯＬがうらやむような優雅な暮らしをしていました。女性がセックス・ビジネスの世界で働く最大の動機は、短期間で高収入が得られるということです。

バブル崩壊以降、日本の雇用・所得環境が悪化するなかで、常に安定した需要が見込めるセックス・ビジネスは一般企業に就職できなかった一部の女性の働き口としての役割を果たしてきました。

２０００年代以降は、格差拡大の影響によって、若い独身女性が「ワーキングプア」になるケースも増えてきたため、生活に困った女性がとりあえずセックス・ビジネスで働くという流れが出来上がりました。

とくに地方圏では、大都市圏に比べて雇用機会が少なく、賃金も低い水準に抑制されているため、セックス・ビジネスは、生活に困窮する女性たちにとって重要な就職先となっています。10代で結婚して、その後にシングルマザーとなった女性が、子供の養育費を稼ぐために、仕方なく性風俗産業で働いていることもあります。

セックス・ビジネスが地方圏の女性たちにとって、重要な就業先のひとつになっているので、職場における待遇は、東京圏の性風俗産業と比べるとあまりいい条件であるとはいえません。これは、仕事を失うことを恐れて、多少待遇が悪くても、それについては目をつぶって我慢をする女性が多いからです。

売上減少、給料低下――「不況知らず」の神話が崩壊

しかし、近年では、不況知らずといわれたセックス・ビジネスにも変化が出てきています。すなわち、住居費すら払えなくなって「ネットカフェ難民」になるなど、低所得層の独身男性が急激に増えつつあり、それに伴ってセックス・ビジネスに対する需要も頭打ちになっているのです。

実際、先に紹介したセックス・ビジネスの売上高をみると、2006年に入って大幅に減少している様子が分かります。2006年の売上高の減少は、性風俗産業に対する規制強化の影響が大きいですが、それだけではなく需要そのものが伸び悩んでいることも少なからず影響していると考えられます。

業績が振るわないので、コスト削減の一環として、雑誌媒体などへの広告の掲載を手控える性風俗店も増えてくるようになりました。

雑誌媒体によっては、バブル崩壊以降、性風俗店からの広告料収入が広告料収入全体の3分の1を占めるなど、大きな収益源になっていたところもあり、こうした雑誌では、性風俗店の業績悪化の影響をまともに受けてしまっているようです。

その一方で、高収入を求めてセックス・ビジネスで働きたいと考える女性の数は依然増加傾向で推移しているため、セックス・ビジネスにおける需要と供給のバランスが完全に崩れ、供給過剰の状態となっています。

供給過剰になれば、当然のことながら、セックス・ビジネスの業界においても、人件費の削減が行われるため、リストラの憂き目にあう風俗嬢が出てくることになります。また、たとえリストラをされなくても、セックス・ビジネスで働く女性たちの給料には下落圧力がかかる、もしくは収入の二極化が進んでいくことになります。

実際、キャバクラなどでは、女性の給料が伸び悩んでくるようになっており、就職できなかった女性の駆け込み寺としての役目、雇用の受け皿としての役目を果たすことが難しくなってきています。

お気に入りのキャバクラ嬢に必死でプレゼント攻撃をする「ミツグ君」の数もめっきり減ってしまいました。

昔は、人気のキャバクラ嬢が、あまたの「ミツグ君」から高級ブランドのプレゼントをもらい、それを速攻で質屋に持ち込んで換金したりしていたのですが、今ではそうした光景があまりみられなくなっています。一部の男性は、貢《みつ》ぐどころか、キャバクラに通うことすら困難になっているのだから、これは仕方のないことでしょう。

キャバクラ嬢に課される1日の売り上げのノルマも厳しくなっており、最近では、ノルマが課されない時給2500円程度の日雇いで、あちこちのキャバクラを転々として働く女性も増えるようになりました。1日単位でキャバクラの「体験入店」を繰り返す女性もいます。

もうひとつ、日本のセックス・ビジネス業界で働く女性の給料の低下を引き起こす要因となっているのが、外国人風俗店の増加です。

近年では、日本人女性が働く性風俗店の業績が低迷する一方で、外国人女性が働く性風俗店が人気を集めています。

これはなぜでしょうか。需要側の要因としては、低所得層の男性が増えていることがあります。雇用・所得環境が悪化して、お小遣い事情が厳しくなってきたので、性風俗店に行くにしても、できるだけ値段の安い店に通うという流れが出ており、その結果、値段の安い外国人女性の性風俗店に通う人が増えているのです。

一方、供給側の要因としては、性風俗店で働く外国人女性の数が急激に増えていることがあります。これらの外国人女性は短期観光ビザ（3カ月）などで入国し、荒稼ぎをしてビザが切れる前に帰国します。ビザが切れた後も不法に滞在して、性風俗店で働き続ける外国人女性も少なくありません。

とくに、2008年9月以降は、韓国のウォンやタイのバーツといった通貨が円に対して大幅に下落したため、韓国やタイの女性が日本で稼ごうとこぞって入国するようになりました。自国の通貨が下がっている場合、日本円でもらった給料を母国に持ち帰ると、自国通貨に換金したときに、その金額が大きく膨らむので、円高のうちにたくさん稼ごうと考える外国人女性が増えているのです。

また、韓国の場合には、警察当局が国内の性風俗店の摘発を強化しているため、韓国では商売ができないので、日本に出稼ぎに来るというケースもあります。

それまで日本人女性が働くクラブやキャバクラに通っていた男性客が少しランクを落として、外国人女性が働くクラブやキャバクラに通うようになったため、日本人女性が働くクラブやキャバクラは客足の減少に苦しむようになっているのです。

このように、セックス・ビジネスで働く女性の給料が全体として伸び悩んでいることから、高級ブランド品の売り上げにも陰りが出てきています。2008年12月15日には、フランスの高級ブランド「ルイ・ヴィトン」が東京銀座に世界最大級の店舗を出す計画を撤回しました。日本での高額消費が低迷しているため、計画の変更を迫られたようです。他の海外高級ブランドも日本への出店攻勢を控えるようになるとみられています。こうした高額消費の不振には、風俗関係で働く女性の消費力が弱まっていることが少なからず影響しています。

セックス・ビジネスで働く女性は高収入であるうえ、消費性向（収入のうち消費に回す割合）

が一般の人たちに比べて高いため、これまでは稼いだお金の多くが高級ブランド品の購入などに充てられていたのですが、それが難しくなってきたのです。

飛ぶ鳥を落とす勢いだったデリバリーヘルス業界でも、店に登録する女性の数は増えていますが、客がつかなくなっているため、待機部屋で無駄な時間を過ごして1日が終わってしまう風俗嬢が出てきています。空いている時間に、アダルト・ライブチャットのアルバイトをして小遣い稼ぎをする風俗嬢も増えていると聞きます。

収入減に直面して生活が苦しくなり、やむを得ず、それまでのぜいたくな高額物件から、敷金・礼金・仲介手数料ゼロの安い物件に住居を変更する風俗嬢も出てきました。高級物件に住んだまま、インターネットなどで知り合った友人と「ルームシェア」をして、家賃を折半する場合もあります。

また、アパートの家賃の滞納を繰り返す貧乏な風俗嬢も増えてくるようになりました。なかには、家賃を滞納したまま、突然、どこかに行方をくらましてしまう女性もいます。

一般に、セックス・ビジネスで働く女性は、親族との関係が悪化していたり、勤め先が親にばれることを恐れて住所を隠していることが多く、あえて「保証人不要」の物件を選ぶ傾向があります（その分、毎月の家賃は割高になります）。

このため、家賃を何カ月も滞納したままの状態で、風俗嬢に夜逃げをされて連絡がとれなくなると、不動産仲介業者が、滞納分の家賃を負担しなくてはならないのです。

また、ルームシェアをしていた風俗嬢が突然姿をくらましてしまうと、同居人が家賃の全額を支払うはめになってしまいます。「とてもこんな部屋の家賃を払うことはできない」と言っても、後の祭りです。

さらには、街を歩く女性をうまく口車に乗せて、性風俗店で働かせたり、AV（アダルトビデオ）に出演させたりするスカウトマンの仕事量も減っています。

売上高の減少に苦しむ性風俗店やAV制作会社が、経費を削減するために、お金のかかるスカウト会社へのスカウト依頼を控えているためです。

わざわざスカウト会社に依頼しなくても、性風俗店で働くことを希望する女性が増えているので、そうした女性は自分で性風俗店やAV制作会社にコンタクトをとってきます。

原油高による値上げの影響が後をひく

このように所得格差拡大に伴う低所得層の増加によって、セックス・ビジネスにおいても料金引き下げの圧力が強まっています。

しかし、タイミングの悪いことに、これまでの世界的な原油価格高騰の影響により、一部のセックス・ビジネスの業態では、2008年前半までコスト増で料金に上昇圧力がかかっていました。

日本のセックス・ビジネスは「百花繚乱《りょうらん》」となっており、様々な業態があるのですが、原油価格高騰の影響を最も強く受けたのは、ソープランドの業態です。

ソープランドが店舗を円滑に運営していくには、多額の重油代がかかります。なぜかというと、ソープランドは個室付き浴場なので、大量のお湯を沸かさなくてはならず、そのために重油が必要となるのです。

原油高の影響が出てくる前までは、平均的なソープランドが毎月支払う重油代は30万円程度でしたが、原油高によって、この重油代の負担が大きく膨らみました。また、原油高に伴う電気代やガス代の値上げも、店舗型性風俗店にとってはコスト増の要因になりました。

ただし、ピンクサロンなどのように、基本的に水まわりの設備がない店舗型の場合には、重油を使って大量のお湯を沸かす必要がないため、原油高の影響はそれほど大きくはありません。

もうひとつ、デリバリーヘルスに代表される派遣型の性風俗産業も原油高の影響を受けやすい業種といえるでしょう。

これらの産業では、ソープランドなど店舗型性風俗店と異なり、付帯設備を維持するための経費はそれほどかかりません。しかしその一方で、女性従業員が「出張」する際の移動手段として車を使うため、ガソリン代が上昇することによって、コスト負担が増えることになります。

近年、多くのデリバリーヘルス業者は営業エリアを広げて、大都市部から離れた地域にまで女性従業員を派遣するようになってきているので、営業エリアの広い店ほど、原油高騰の影響を受けやすかったといえるでしょう。

その結果、一部の店舗型、無店舗型性風俗店の料金には、上昇圧力がかかったのです。これまでは、各店とも原油高に伴うコスト増を経費の節減や労働生産性の上昇によって吸収してきたのですが、それも限界にきました。

一部のソープランドでは、入浴料について、消費税を内税方式から外税方式に変更して、実質的に5%の料金値上げをするところも出ました。

性風俗などのいわゆる欲望産業のサービスは、これがないと生きていけないといった「生活必需品」ではなく、ぜいたく品の部類に入るので、価格が上昇すると、需要が落ち込みやすいという特徴があります（価格弾力性が高い）。

しかも、最近では、男性客のお財布事情も厳しくなっています。賃金が上がってこないうえに、生活必需品の価格が上がっているので、性風俗店を利用する予算枠が小さくなってきているのです。

料金の値上げをきっかけにして、低所得層の需要減退に拍車がかかり、日本のセックス・ビジネスが縮小均衡に向かう恐れもあるでしょう。

人気の「裏ビデオボックス」、平均客単価は3000円

このように、原油高の影響が直撃したソープランドの業態などでは料金の引き下げが難しく、それが客離れを招いた側面があります。

一方、最近では、増え続ける低所得層の男性客をターゲットに、格安の料金を設定する性風俗店も出てくるようになっており、こうした店に通う男性客が増えています。

ソープランドの業態でも、総額6万円以上の「高級店」や「中級店」（総額4万～5万円）では客数が頭打ちとなっていますが、総額1万円台の「大衆店」では逆に客数が増える傾向にあるということです。

ただし、当然のことながら、同じ風俗の業態であれば、格安店になるほど、女性の容姿や接客サービスは落ちてきます。

ファッションヘルスやデリバリーヘルスなどでは、キャンペーン期間を設けて、その期間中は、入会金や写真指名料、コース料金の一部を合計で数千円程度キャッシュバックするといったサービスを提供しているところもあります。従来からキャッシュバックキャンペーンのサービスはあったのですが、その期間や頻度、割引額を増やして、実質的な値引きを行うようになったということです。

業態でみると、昔からあったピンクサロンなどが格安の料金設定（時間帯にもよりますが、3000〜5000円程度）として有名ですが、新しく登場した「裏ビデオボックス」の業態も低料金ということで注目を浴びています。

「裏ビデオボックス」のシステムは、いたって簡単です。客が個室でアダルトビデオやDVDをみている最中に女の子が入ってきて、手を使った性的サービスをしてくれるというものです。

店は風俗営業の届け出をしていないか、届け出をしていても通常のビデオボックスという建前なので、もし付加的な性的サービスの提供がみつかれば、違法営業として摘発の対象となります。

裏風俗としての色彩が濃厚であることから、多くの店はこっそりと営業しています。狭い店の中には、アダルトビデオやDVDが多数陳列されていて、客は好きなビデオ、DVDを選んで個室に入るように指示されます。個室に入ってしばらくDVDをみていると、やがて素人風の女の子が入ってきて、性的サービスを提供します。

サービス時間は10〜15分程度。多くの店は、手を使ったサービスのほかにもいくつかのオプションをつけています。

都内にある主要な「裏ビデオボックス」の客単価をみると、だいたい2000円から5000円のレンジで、平均価格は3000円程度。

客が支払った代金のうち5割程度が女の子の取り分となります。他の業態と比べるとソープランド（大衆店）の10分の1、ファッションヘルスの3分の1と、いかに「裏ビデオボックス」の価格が革命的であるかを実感できます。

このような低価格とサービス時間の短縮化が、顧客の志向とマッチして客足の大幅増につながっており、大都市部の繁華街を中心に相次いで出店しています。

筆者の推計によると、「裏ビデオボックス」の市場規模は、全国で年間657億円（2007年）に上ります。

また、「パンチラ・カフェ」も人気を集めています。喫茶店については、「メイド・カフェ」をはじめとしてすでに様々なタイプのお店がオープンしていますが、これは「チラリズム」を徹底的に追求したカフェです。「パンチラ・カフェ」では、普通のカフェと同様、コーヒーなどのドリンクのサービスが提供されますが、それとは別に、給仕する女性が自分の下着を男性客にチラっとみせるサービスが付いてくるのです。

ただ基本的にパンチラのサービスはオプションになっており、パンチラをみたい人は、喫茶代とは別に、オプション料金を支払わなくてはなりません。店にもよりますが、パンチラをみるには、30秒あたり500円程度の追加料金がかかります。

よくよく考えてみると、10分間、女の子の下着を凝視するとオプション料金だけで1万円もかかる計算になり、その時点で格安風俗店ではなくなってしまうのです。

マクドナルドでAVを撮影して逮捕される

セックス・ビジネスに陰りが出て、それが女性の雇用・所得環境にまで波及している事例として、AV業界を挙げておきましょう。

2008年1月、埼玉県にあるマクドナルドで、営業時間中にAVが撮影されるという事件が発生、監督と男優2人、女優1人の計4人が「公然わいせつ」や「偽計業務妨害」などの容疑で、相次いで逮捕されました。

4人は、店内で約30分にわたって、女優が男優の下半身を触るなどの行為の撮影を行っていました。当時、マクドナルドの店内には数人の客がおり、女性客の1人が警察に通報したということです。

なぜ、このような場所でAVの撮影が行われたのでしょうか。

AVを鑑賞する人たちのニーズが多様化しているという事情もありますが、根本的な背景には、AV業界の成長路線に陰りが出て、ビデオを制作する際の採算が厳しくなっていることがあります。

実際、今回の事件で逮捕された監督は、約2000万円の借金を返済するためにAV撮影を始めたそうで、マクドナルドで撮影した理由については、「ホテルで撮影するとおカネがかかるから」と答えたということです。

監督は、制作会社からの依頼が来ると、1万円から2万円程度で撮影を引き受け、制作費用を節約するために、公園や駐車場を撮影場所に選んでいました。

1980年代に急成長したAV業界（レンタルビデオ、セルビデオ）は、90年前後をピークとして、その後は業界全体の売上高が伸び悩んでいます。

まず、90年代以降、ビデ倫（日本ビデオ倫理協会）の審査を受けているレンタル用のAV制作業界の業況が厳しくなりました。これは、インターネットが急速に発展して、わいせつ画像やわいせつ動画が簡単に入手できるようになったことから、レンタルビデオ店などでAV、DVDを借りる人たちが減ったことが大きく影響しています。

また、近年では、セルビデオの業況も厳しくなってきています。セルビデオというのは、ビデ倫の審査を受けていないため、レンタルビデオ店には置かれず、消費者への販売に特化したAV、DVDのことを指します。

レンタルビデオの場合は、メーカーから問屋を通してレンタル店に商品が届く仕組みとなっています。問屋へのマージンが含まれるため、ビデオ1本あたりの値段は1万円程度です。一方、セルビデオの場合には、問屋を通すことなく小売店に直販するという形態となっています。

問屋が間に入らないので、店頭価格は3000円程度まで引き下げることができます。

セルビデオが登場してからは、価格が安くて内容も過激なセルビデオへの人気が高まり、AV、DVDの需要が急拡大しました。

しかし、その後、需要の拡大に伴って、セルビデオ業界に参入するメーカーが相次ぎ、競争の激化によって市場に出回るビデオの数が急増するようになったのです。

その結果、AVの販売単価が下落するようになっており、採算割れをしないよう1本あたりの制作費も大幅に下がっています。

どのような方法で制作費を節約しているかといえば、高額の専用ビデオカメラではなく市販のホームビデオなどで撮影したり、撮影の日数やスタッフの数を減らしたりといった具合です。

そして、AVに出演する女優や男優のギャランティも少なくなってきています。近年では、ひとつの作品に複数の女優が出演する「企画もの」のAVが増えていますが、「企画もの」に出演する場合、女優のギャラは、かつては1回の出演で10万円から30万円程度が相場となっていました。しかし、「企画もの」の出演料は下落する傾向にあり、最近では1回5万円以下となってしまうケースもあります。

風俗嬢の収入減でホスト業界も所得格差拡大

女性客を相手に男性が接客サービスを提供するホストクラブ。料金は銀座のクラブと同様、かなり高めの設定ですが、イケメンのホストたちは巧みな話術を駆使して、満足のゆく接客をしてくれます。

ホストクラブにハマる女性客が増えるなかで、これまでホストクラブ業界は急成長を遂げてきました。

しかし、近年では警察当局によって同業界への規制が強化されているほか、主要な客層となっていた風俗嬢の給料に陰りが出ていることから、成長に急ブレーキがかかっています。

ホストクラブが注目されるようになったのは、2000年代に入ってからです。東京や名古屋、大阪などの繁華街で新規出店が相次ぎ、2005年には新宿歌舞伎町だけでも137店が乱立、全国では980店舗が営業していました（筆者による推計）。その市場規模は年間8584・8億円と、1兆円近くに及びます。

しかし、短期間で荒稼ぎができる数少ない業界ということもあり、次第に営業許可をとらない違法店の参入が目立つようになりました。最盛期には、営業許可をとっているホストクラブの2倍近くの無許可営業店があったとみられます。

このため、警察当局は06年頃から、繁華街に乱立するホストクラブへの監視体制を強め、無許可営業店を相次いで摘発していきました。

新宿歌舞伎町では2006年11月に一斉立ち入り検査が入り、大阪・ミナミでは2007年1月に一斉摘発が行われました。

警察当局の摘発を受けて、深夜1時までの営業時間規制を守っていなかったり、未成年にアルコール飲料を提供していた無許可店の多くが、営業許可をとるようになりました。一斉摘発の結果、現在、主要な繁華街で営業するホストクラブのほとんどは営業許可をとった合法店となっています。

業界の浄化が進むことは望ましいことといえるでしょう。しかし、無許可営業店が合法店となって、すべてのホストクラブの営業時間が深夜1時までに限定されると、先行きホストクラブの供給過剰の問題が深刻化してくると予想されます。

なぜかというと、これまで無許可営業をしていたホストクラブの主要な客層は、キャバクラやソープランド、ファッションヘルス、イメージクラブなどセックス・ビジネスで働く女性たちであったからです。

実際、あるホストクラブ情報サイトが行ったアンケート（有効回答数は154）によれば、ホストクラブの客層の45・5％はホステス、27・3％が性風俗産業で働く女性となっており、有閑マダムに入るとみられる主婦の構成比は2・0％にとどまります。

男性客向けの性風俗店で働く女性は、高額所得者が多く、彼女たちは稼いだ所得のほとんどを遊びに使っていました。

男性客向けの性風俗店が閉店となる深夜以降に、こうした金払いのよい女性客がホストクラブに大挙して押し寄せてきていたのです。

ところが、ホストクラブのほうで、営業時間が深夜1時までに限定されると、これらの女性客を十分に取り込むことができなくなってしまいます。

しかも、これまでみてきたとおり、低所得層の増加に伴って、セックス・ビジネスの業況が悪化してきているため、金払いのよかったホステスや性風俗店で働く女性が、ホストクラブに落としていくお金も細ってきています。

規制の強化と、ホステスや性風俗店で働く女性が落としていくお金の減少というダブル・パンチに見舞われるなか、限られた女性客をできるだけ囲い込もうと、ホストクラブ間の競争が激化するようになってきました。

ホストクラブは、ホスト個人の売り上げに応じた完全歩合給制を採用する店が多く、入店間もない新人ホストは、固定給のみとなり、月十数万円程度しかもらえません。

女性客からたくさんの指名がつく「カリスマホスト」になると、月給で数百万円を軽く稼ぎますが、指名があまりつかないホストは、いつまでたっても収入が増えず、そのためホストの収入格差は非常に大きいといえます。しかも、全体の客足は伸び悩んでいるので、限られたパイの奪い合いが起こり、収入格差は開く一方です。

最近では、高収入を期待してホストクラブに入店したものの、なかなか女性客がつかないので、1週間から1カ月程度働いて、あきらめて店を辞めてしまうホストも増えています。その場合、約束の固定給すら払ってもらえません。

結局、所得格差の拡大によって、低収入の男性がセックス・ビジネス業界で遊ぶことが困難になると、限られたパイをめぐって競争が激化し、セックス・ビジネスで働く女性たちの給料も二極化するということです。

さらには、収入減に直面したホステスや風俗嬢が、ホストクラブで遊ぶことを控えるようになるため、ホストクラブで働くホストたちの給料にも格差が生じるという世知辛い構図になっているのです。

第6章　「規制強化」は貧困層を救うのか

改正貸金業法が招いた消費者金融業界の「官製不況」

これまで紹介してきたとおり、社会全体に占める貧困層の割合が高まるなか、「貧困ビジネス」が不気味に広がっています。運悪く「貧困ビジネス」の餌食となり、絞りとられるだけ絞りとられて、絶望した挙句に自殺をする人も出てきています。

そうした状況下、貧困層を利用したり、あるいは搾取することによって巨額の利益を上げる「貧困ビジネス」の拡大に歯止めをかけようと、貧困層が不利な状況に置かれてしまうビジネスに対しては、政策的に規制の強化が図られるようになってきました。

規制強化の効果によって一部の悪質な「貧困ビジネス」は下火になってきました。しかし、良かれと思って導入・実施した各種の規制が、本来の意図や目的から逸脱して、逆に貧困層の立場をさらに苦しいものに追い込んでいるといった側面も否定できません。

そこで、最後の第6章では、規制の強化と「貧困ビジネス」の関係について詳しくみていきたいと思います。

最初に、「改正貸金業法」施行の影響について考えてみましょう。読者のみなさんもご承知のとおり、2006年12月に「改正貸金業法」が成立しましたが、この法律の施行によって、消費者金融業界や利用者にはいったいどのような影響が出てくるのでしょうか。

まず、これまでの消費者金融業界の動向を簡単に振り返ります。消費者金融業界は、1990年代以降、急成長を遂げるようになり、2001年3月期の決算では、大手の武富士の営業収益（金利収入などに相当）が4000億円を突破するという信じられないことが起こりました。

武富士、アコム、プロミス、アイフル、レイクといった大手消費者金融がこれほど儲かるようになったのはなぜでしょうか。

その秘密は、消費者金融業界の高い収益性にあります。大手消費者金融各社は、バブル崩壊以降の超低金利の下で市場からの資金調達が容易になっていたうえ、個人を中心とした利用者に資金を貸し出す際の金利を高く設定していたために、1件の貸し出しでたくさんの利ざやを稼ぐことができたのです。

では、消費者金融はこれまでどれぐらいの金利で貸し付けを行っていたのでしょうか。消費者金融の金利は、いずれもいわゆる「グレーゾーン金利」に設定されていました。「グレーゾーン金利」というのは、「出資法」の上限金利（29・2％）と「利息制限法」の上限金利（年15％から20％の間で貸付額によって異なる）の間にある金利のことです。

これまでは、「出資法」の上限金利を超えなければ違法性はなく、刑事罰の対象にはなりませんでした。「出資法」の上限金利は、以前は年40・004％に設定されていたのですが、いわゆる「商工ローン問題」が引き金となり、2000年6月に29・2％に引き下げられました。なお「商工ローン問題」というのは、中小・零細企業向けに短期の融資を行う業者（商工ローン）が、高金利と過酷な取り立てによって利用者を追い込み、多数の自殺者を出した問題のことです。

「商工ローン問題」で上限金利が引き下げられたとはいえ、29・2％という金利は相当に高い水準です。一部の読者は、借り入れるときの金利がこれだけ高ければ、消費者金融からわざわざ借金をする人などいないのではないかと考えるかもしれませんが、年収が少なくて信用力もない人の場合、必要な資金を銀行などから借り入れることが難しいため、ノンバンクに頼るほかないのです。

とくに1990年代末から2000年代初頭にかけては、不良債権を抱えた銀行などが個人への融資に慎重になり、どうしても資金の必要な顧客は、担保なしでもすぐに資金を融通してくれる消費者金融に頼らざるを得ない状況になっていました。

実際、大手消費者金融からお金の借り入れをしている人は、年収が極端に低い人が多いという特徴があります。

消費者金融連絡会の資料によって、2006年3月期における消費者金融の新規顧客について、年収別の口座数をみると、年収200万円未満が17・2％、年収200万円から300万

図表16｜消費者金融の新規顧客の年収別内訳（2006年3月期）

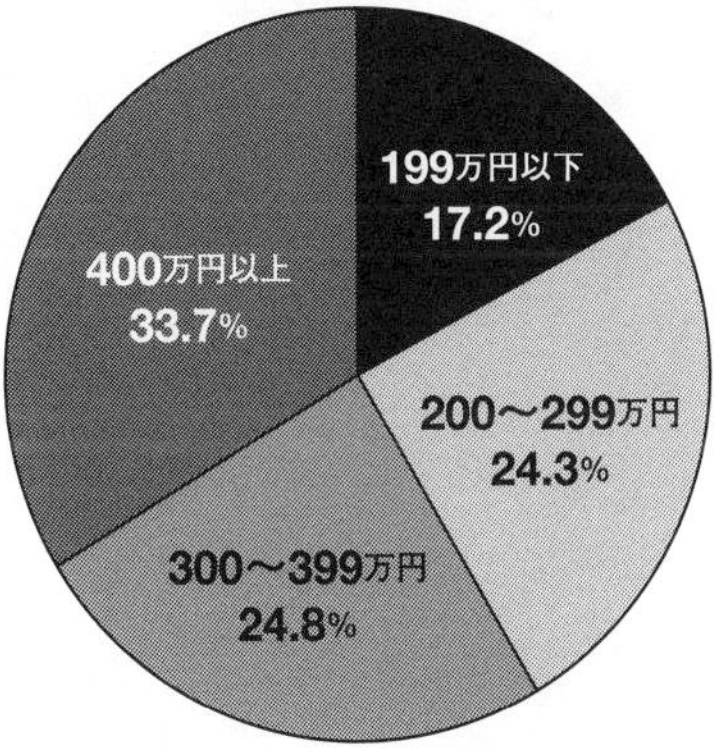

（出所）消費者金融連絡会資料より作成

円未満が24・3％となっており、年収300万円未満の個人が口座全体の41・5％を占めています（図表16）。

年収が多くても、住宅ローンの返済や子供の養育費などで、短期的に資金需要が発生し、消費者金融から借り入れをする中高年のサラリーマンも少なくありません。

年収が低い人に多額のお金を貸すのは、リスクが大きいようにみえますが、大手消費者金融各社は、独自のスコアリングシステムを構築して、貸し倒れのリスクが最小限になるように工夫しました。スコアリングシステムというのは、年収や職業といったデータをもとに、融資を申し込む人の信用度合いを数値化するシステムのことです。

しかし、最近では大手消費者金融の業績が厳しくなってきています。この背景のひとつには、貸し倒れのリスクが少ない優良顧客であったはずの中高年層サラリーマンが、会社の倒産やリストラなどによって失業するケースが増えたことがあります。

これは、それまでのスコアリングシステムでは破産するはずがない利用者が破産するようになり、貸し倒れのリスクが高まったことを意味します。

それまで雇用が保障されていた中高年サラリーマンが次々に「ワーキングプア」になってしまったことが、貸し倒れというかたちで、消費者金融の業績にも影を落としているのです。

そして、もうひとつは、新たに成立した「改正貸金業法」の影響です。この法律は段階的に施行され、2010年6月を目処《めど》に、貸出上限金利が現在の29・2%から20・0%まで引き下げられるほか、利用者への貸出額（他社分も含む）を年収の3分の1以下とする「総量規制」も実施されます。

改正法の成立を受けて、消費者金融業界は、自主的に上限金利の引き下げや「総量規制」のルールを策定するようになりました。

今後は、利ざやの縮小や貸出額の減少によって消費者金融各社の業績に無視できないマイナスの影響が出てくるでしょう。競争の激化によって、中小の消費者金融業者を中心に倒産が増えることも予想されます。消費者金融業界では「官製不況」という言葉も出てきており、まさに冬の時代に入ろうとしています。

では、貸出金利に対する規制の強化によって、利用者は恩恵を受けることができるのでしょうか。利払い費の負担が軽くなり、無理な借り入れもなくなるため、規制強化のメリットは大きいようにもみえますが、実は必ずしもそうとはいえないのです。

消費者金融各社が、信用の低い人に対して「貸し渋り」をするようになっているため、お金を借りたくても借りることのできない人たちが急増しているのです。

この人たちは、正規のルートではお金を借りることができないので、仕方なく、違法なヤミ金融業者にお金を借りることになってしまいます。

悪質なヤミ金横行による被害拡大の恐れ

ヤミ金融業者からお金を借りると、どのようなことになるのでしょうか。ヤミ金融業者は、トイチ（10日で1割）、トニ（10日で2割）、トヨン（10日で4割）などの高利で営業を行うことが多く、なかには1日1割というとんでもない高金利で平然とお金を貸し出す業者もあります。

これらの業者の多くは、債務者の返済が滞ると血も涙もない過酷な取り立てを行います。「お金を返さなくて困っています」などと書き込んだ債務者の顔写真入りのビラを近所に張りつけたり、刃物を債務者の首筋につきつけて脅迫するといった具合です。厳しい取り立てに耐えられず自殺をする債務者もいます。

ヤミ金融業者の多くは、東京都知事登録をして良心的な業者を装っているケースが多いことから、都（1）業者とも呼ばれています。

この都（1）とは、貸金業者が知事登録したときの登録番号を指し、開業してから3年以内は、いずれの業者も登録番号が都（1）～となります。4年目以降は都（2）～となり、年数を経るにつれて（　）内の番号が増えていくのです。

通常の業者は、開業してから営業を続けていくうちに都（2）業者となるのですが、ヤミ金融の多くは摘発逃れを目的として、名義変更を繰り返すことから、都（2）に更新される前に登録抹消となることが多くなります。ヤミ金融業者にとっては、東京都知事登録をすることで広告を出しやすくなるといったメリットがあります。

仮に都（2）業者になる前に登録を抹消する都（1）業者をすべてヤミ金融業者として捉えれば、過去3年間に登録された都（1）業者数5157社×（登録抹消率＝75・2％）＝3880社がヤミ金融業者数ということになります。

東京都以外で知事登録をしたり、知事登録をしないで営業をしている業者も含めれば、全国では2倍の7760社に及ぶとみられます。

一方、警察庁によれば、ヤミ金融1業者あたりの被害者は平均188・7人、被害者1人あたりの元本借り入れ額は22・4万円となっています。被害者がトニ（10日で2割）で借り入れているとすれば、年間利払い額は163・6万円。1人の被害者が平均3社から借り入れていることを考慮して、ヤミ金融業者数（7760社）×被害者1人あたりの年間支払い金額（163・6万円）×ヤミ金1業者あたりの被害者数（188・7人）÷3＝7984億円がヤミ金融業者の非合法所得です。

さらに近年では、知事登録をしない無許可営業の「090金融」や「080金融」がヤミ金融の主流となりつつあります。これらの金融業者は店舗を持たず、チラシなどに携帯電話の番号を記載し、客から融資依頼の電話があると、路上で待ち合わせをして車のなかで契約を行います。

返済が遅れると、過酷な取り立てが待っていることはいうまでもありません。2007年11月には、「090金融」を行っていたヤミ金融業者の経営者・従業員20人が摘発されました。このグループは、利用者から法定金利の1240倍もの利息を受け取っていたということです。もっとも、今回摘発された業者は氷山の一角にすぎません。

「090金融」や「080金融」の多くは、レンタルの携帯電話を利用し、利息や元本返済の振り込み先も他人名義の口座を使っているため、業者を特定して摘発することが難しいのです。

すでに一部のヤミ金融業者は、名簿業者などから多重債務者のリストを入手して、ダイレクトメール（DM）を送って、ヤミ金融からの借り入れを促すようになっています。2008年2月には、熊本県人吉市で、生活保護担当の男性市職員が借金をしていたヤミ金融業者に生活保護受給者全世帯（245世帯、286人）のリストを渡していたことが発覚しました。ヤミ金融業者がこれらのリストをもとに、ヤミ金融からの借り入れを促すDMを生活保護受給者に送り付ける可能性もあります。

また、2008年9月には「090金融」をしていた業者10人が摘発されました。この「090金融」業者は、2007年6月から摘発されるまでの期間、延べ約5500人もの人たちにお金を高利で貸し付けて、約2億円を荒稼ぎしていたそうです。

この「090金融」業者は、名簿業者から多重債務者のリストを入手して、DMを使って融資の勧誘を行っていました。また、利息の振り込み先として、他人名義で70もの口座をつくっていたということです。

規制強化に伴う消費者金融会社の貸し渋りによって、今後ヤミ金融が横行するとともに、その被害者が増える可能性があることには十分な注意が必要でしょう。

貧困削減に貢献するバングラデシュのグラミン銀行

このように貸金業に対する規制は非常に難しい問題といえますが、世界を広く見渡すと、貧困層にお金を貸し付けても、それがうまく機能しているケースもあります。

たとえば、バングラデシュのグラミン銀行を挙げることができます。2006年10月13日、ノルウェーのノーベル委員会は、2006年のノーベル平和賞をバングラデシュのグラミン銀行と創設者のムハマド・ユヌス総裁に授与することを発表しました。アジアからのノーベル平和賞の受賞は、2000年の金大中《キムデジュン》韓国大統領（当時）以来の快挙です。

そこで以下では、グラミン銀行について詳しくみていきたいと思います。バングラデシュでは、いまなお多くの国民が貧困にあえいでいます。そうしたなかで、貧困の削減に貢献しているのがグラミン銀行なのです。

グラミン銀行は、マイクロ・クレジット（小口融資）の事業主体で、1983年にバングラデシュに設立されました。本部は首都ダッカにあります。現在では、国内に2000を超える店舗を持ち、同国の9割の地域をカバーしています。

これまで660万人の人たちに総額50億ドル余りを無担保で貸し付けて、なんとその98%がきちんと返済されています。

なぜ、グラミン銀行は貧しい人たちに貸し付けているのに、これほど高い返済率を達成できるのでしょうか。

その秘密は、融資先の97%が女性になっている点にあります。バングラデシュの女性は、家族を守らなくてはならないという意識が男性に比べて強く、借りたお金を有効に使って、必ず返済をするのです。

また、グラミン銀行も貸し倒れが発生しないように、利用者を5人単位のグループとして、返済が滞らないよう相互に監視をさせるなどの工夫をしています。銀行の支店は、定期的に利用者のグループを訪問して、返済計画についての集会を開きます。グラミン銀行の融資は、貧しい人たちが返済できる範囲で貸し付けや返済額の設定を行っているという点に特徴があります。

女性たちがグラミン銀行から借りたお金は、主に井戸の採掘や家畜の購入などに使われています。また、グラミン銀行で住宅ローンを組んでマイホームを建てることもできます。

そして、グラミン銀行が打ち立てたビジネスモデルは、バングラデシュ国内にとどまらず、世界的な広がりをみせはじめています。

近年では、開発途上国のみならず、米国やフランスをはじめとする先進国でも、マイクロ・クレジットのビジネスが拡大しています。

現在の日本では、低所得の人たちに高金利で多額のお金を貸し付ける消費者金融の問題が深刻化していますが、低所得の人たちに融資するにあたっては、グラミン銀行のビジネスモデルに見習う点は多いのではないでしょうか。その点に関しては、グラミン銀行は貧困層の多い発展途上国だからこそ成功したのであって、貧困層の少ない先進国ではこのようなビジネスモデルは成り立たないと主張する人もいます。

しかし、人々の所得格差が拡大する流れのなかで、先進国においても貧困層の数は確実に増えています。多重債務に陥って苦しむ人を生み出さないためにも、貧困層を対象にした小口融資の重要性は高まっています。

多重債務者の数が100万人近くに上るといわれる日本でも、「日本版グラミン銀行」をつくろうといった動きが出てきています。

政府（多重債務者対策本部）は、2007年4月に、各都道府県に対して「日本版グラミン銀行」の創設を検討するよう要請しました。岩手県では、県消費者信用生活協同組合と自治体がグラミン銀行のような低所得層向けの貸付を行っています。

「貧困ビジネス」のもうひとつの光、「寄付ビジネス」

一般に、貧困層をターゲットとする「貧困ビジネス」は、貧困層からお金を奪い、彼らの生活を一段と悪化させるビジネスというイメージが強いですが、それとは逆に、貧困層の生活を改善させる「貧困ビジネス」もあります。それが、先ほど紹介したグラミン銀行やマイクロ・クレジットのビジネスです。また、これから紹介する寄付ビジネスも貧困層を救う「貧困ビジネス」に分類されます。

貧困層の生活を悪化させるタイプのビジネスを「貧困ビジネス」の影の部分とすれば、貧困層の生活を改善させるタイプのビジネスは「貧困ビジネス」の光の部分といえるでしょう。

今の世の中で圧倒的に多いのは「貧困ビジネス」の影の部分ですが、「貧困ビジネス」の光の部分が増えてくるようになれば、拡大傾向にある所得格差や資産格差の問題がある程度緩和され、貧困層が苦しい生活から抜け出しやすくなります。

そこで「貧困ビジネス」の光の部分の事例として、寄付ビジネスについて眺めてみましょう。

寄付ビジネスが世界で最も発達しているのは米国です。たとえば、ジョンズ・ホプキンス大学の調査によると、米国の金銭的な寄付市場の大きさは、GDP(国内総生産)に対する比率で1・85%(1995~2002年平均)と世界トップです(図表17)。以下、イスラエル(1・34%)、カナダ(1・17%)、アルゼンチン(1・09%)が続きます。

金額でみると、2006年の米国の寄付総額は約36兆4000億円にも上ります(米慈善活動調査団体「ギビングUSA財団」の調査)。国民1人あたりでは1年間に約12万円を寄付している計算になります。

徹底した市場主義を是認する米国では、個人間の所得格差や資産格差が大きいので、ウルトラ富裕層が生まれやすく、そのような人たちが慈善財団をつくって、そこに多額の寄付をして

図表17 世界主要国の寄付ビジネスの大きさ（1995〜2002年平均）

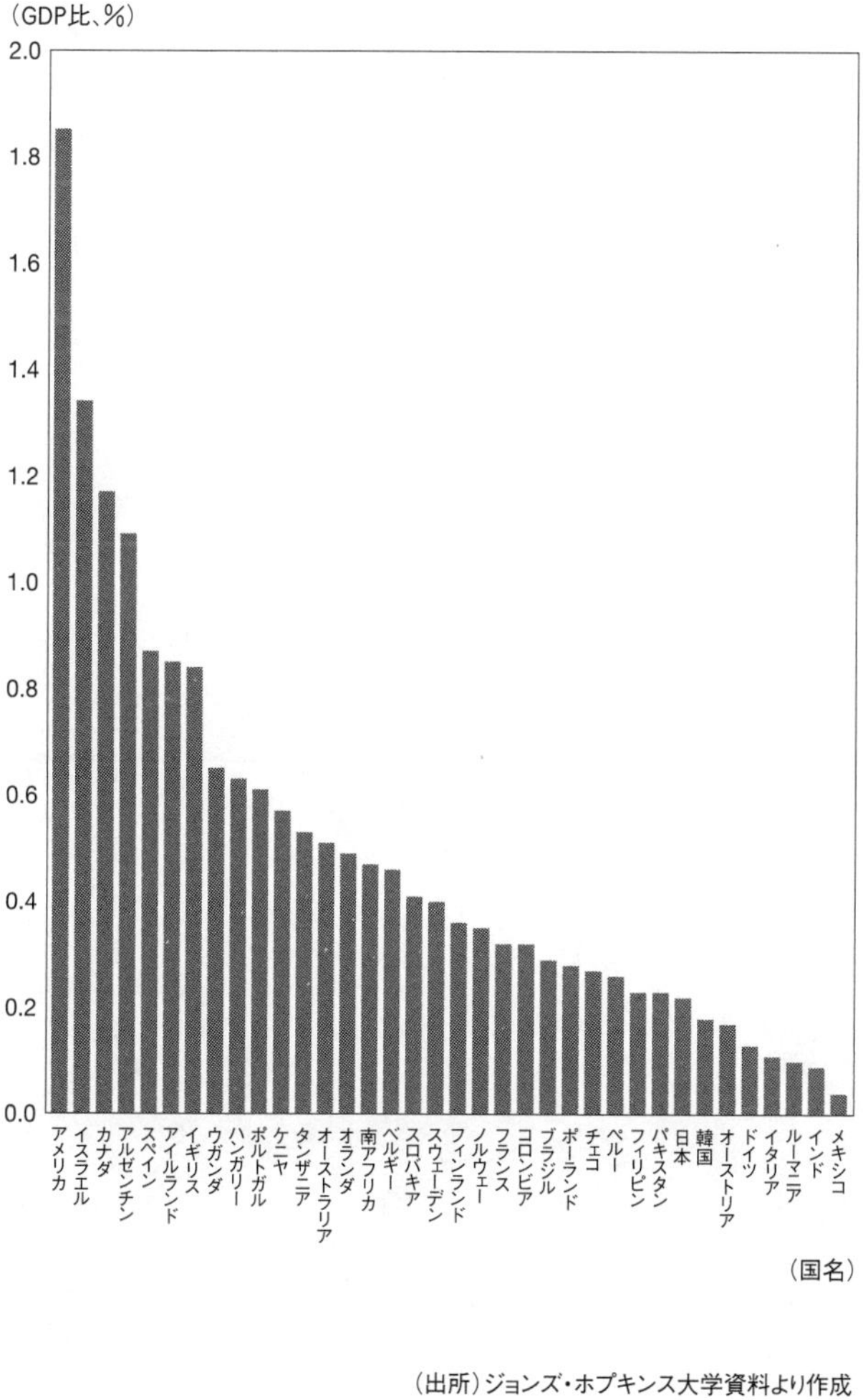

（出所）ジョンズ・ホプキンス大学資料より作成

います。かつては、石油王のロックフェラーや鉄鋼王のカーネギーなどが慈善活動に多額の寄付をしていました。近年では、コンピューターソフトメーカー「マイクロソフト」のビル・ゲイツ会長や大物投資家のウォーレン・バフェット氏らが、基金を設立するなどして寄付活動を熱心に行っています。ビル・ゲイツ氏は、2008年7月、ニューヨーク市のブルームバーグ市長とともに、禁煙を呼びかけるキャンペーンを支援するため、禁煙団体に約400億円を寄付すると発表しました。

また米国では、個人だけではなく、企業も収益の一部を寄付に回す文化が根付いています。寄付によって集められたお金は開発途上国の医療支援などに使われています。米国は格差大国ですが、同時に寄付大国でもあり、ウルトラ富裕層と貧困層の格差は、ウルトラ富裕層の貧困層への寄付によって縮小している側面があるのです。

このように富裕層が寄付を積極的に行う背景には、米国の税制度も少なからず影響しています。米国では基本的に、寄付をすると、それは所得控除の対象となり課税されません。

日本でも寄付ビジネスが注目されるようになってきましたが、金銭的な寄付市場の大きさはGDPに対する比率でわずか0・22%にすぎません（1995〜2002年平均）。

日本の寄付市場が国際的に小さなものにとどまるのは、そもそも日本で所得格差や資産格差が拡大しているといっても、米国ほどには個人間の格差が大きくはないので、富裕層であっても寄付できるほどの財政的な余力がないということが影響していると考えられます。

また、米国と違って、税法で定められた団体や組織に限って、寄付金の所得控除が認められているため、寄付行為がなかなか浸透しないという問題があります。ですから、行政側が税法を改正するなどして、所得控除となる寄付の対象範囲を広げるようにすれば、日本でも米国のように寄付ビジネスが大きく拡大していく可能性があります。

『ビッグイシュー』の目的は救済でなく自立支援

もうひとつ、「貧困ビジネス」の光の部分に関する事例を紹介しておきましょう。それは、ホームレス支援雑誌『ビッグイシュー』のビジネスです。

『ビッグイシュー』の事業は、1991年9月、イギリスのロンドンで産声を上げました。『ビッグイシュー日本版』は、2003年9月、大阪で創刊されました。現在、雑誌は毎月2回のペースで発行されています（1号あたりの発行部数は3万5000冊）。『ビッグイシュー日本版』は、ホームレスの救済を目的としているのではなく、ホームレスの人たちに仕事を提供するとともに、自立を支援することを目的としています。

『ビッグイシュー日本版』のビジネスが、どのような仕組みで運営されているかというと、最初に、発行元である「有限会社ビッグイシュー日本」が、販売員として登録したホームレスの人に『ビッグイシュー日本版』（1冊300円）を10冊無料で提供します。ホームレスの人は提供された10冊を販売することによって、3000円を手にすることができます。

それ以降は、この3000円を元手にして、1冊あたり140円で『ビッグイシュー日本版』を仕入れて、300円で販売していきます。したがって、ホームレスの人たちは、『ビッグイシュー日本版』を1冊販売するごとに160円の利益をあげることができます。

『ビッグイシュー日本版』は若者向けの雑誌となっていますが、書店では販売されておらず、すべてホームレスの人たちが1冊ずつ街頭で販売しています。現在、約120人が12都道府県で『ビッグイシュー日本版』を販売しているということです。

1日あたり25冊から30冊を売れるようになれば、簡易宿泊所などに寝泊りすることができるようになります。さらに、売り上げを伸ばしていけば、民間のアパートなどに住むことも可能になり、最終的には新たな職を見つけて、路上生活から脱却できます。また、雑誌を販売していると、人と接する機会が多くなるため、自然と社会性を身につけていくこともできます。

実際に『ビッグイシュー日本版』の販売を最初の一歩にして、ホームレスの生活から脱却した人も少なくありません。これまで販売員として登録した人（約800人）の1割が路上生活から抜け出すことに成功したということです。

多額の借金を抱えたことや、企業のリストラで失職したことなどが原因で、中高年層の人が一度ホームレスになってしまうと、そこから自力で抜け出すことは非常に困難な道のりとなります。

『ビッグイシュー日本版』のビジネスは、人知れず貧困で苦しみもがいている人が、そこから抜け出すきっかけを与えてくれる優良なビジネス、「貧困ビジネス」の光の部分ということができるでしょう。

改正割賦販売法で貧乏人はカードを使えなくなる?

続いては、「改正割賦販売法」の問題について考えてみたいと思います。

2008年6月11日に「改正割賦販売法」が成立しました。同法は2009年の夏に施行される予定です。割賦販売とは、月賦やクレジットなどで商品を販売する方式を指します。私たちが商品を買うとき、クレジットカードを使って分割払いをすることがありますが、これが割賦販売による商品の購入です。

たとえば、消費者が貴金属や宝石を購入して、クレジットカードによる分割払いをする場合、クレジット業者(信販会社)が消費者に替わって商品の販売業者に対してお金を支払います(立替払契約)。消費者は、後でクレジット業者に対して分割払いでお金を返していくことになるのです。

しかし、近年では、一部の心ない商品販売業者が、消費者をだまして、割賦販売で欠陥商品や高額商品を買わせるといった悪徳商法の問題が出てくるようになりました。

このような悪徳商法の問題が出てきたとき、従来の割賦販売法（1961年制定）では、消費者が泣き寝入りするケースが少なくありませんでした。

というのも、消費者と与信の契約を結んだクレジット業者は、商品販売業者と消費者の間の契約にはノータッチだったからです。

したがって、消費者が商品販売業者にだまされて、あるいは押し付けられて高額商品や欠陥商品を購入したとしても、購入金額を立替払いしたクレジット業者は、販売方法に問題があろうとなかろうと、クレジットカードを使った消費者から受け取った分割払いのお金を消費者に返還する必要はなかったのです。

こうした問題を解決するために成立したのが、「改正割賦販売法」です。「改正割賦販売法」では、クレジット業者に対する規制が強化されることになります。具体的には、まずクレジット業者を登録制にして、行政による監視体制を強めます。状況によっては、行政が立ち入り検査をする場合もあります。

また、悪徳商法が横行しないように、クレジット業者に対して、加盟する訪問販売業者などを調査することも義務付けました。もし訪問販売業者が消費者に不正な勧誘をすれば、消費者に対する与信が禁止されます。

さらには、クレジット業者が、指定信用情報機関を通じて、個別消費者の支払い能力を調査することも決められました。信用調査によって支払い能力がないとみなされた消費者に対しては与信が禁止されます。

このような「改正割賦販売法」の成立によって、悪徳商法の横行には歯止めがかかり、消費者は安心してクレジットカードを使うことができるようになるでしょう。

ただし、消費者にとっていいことばかりではありません。「改正割賦販売法」の施行によって、逆に消費者が不便になる可能性も指摘されています。

この法律のもとでは、消費者に対する支払い能力調査があるため、低所得層や資産残高の少ない人が、クレジットカードを使って買い物をすることが難しくなるのです。

極論すれば、「貧乏人はクレジットカードで買い物ができない」ということになってしまうのです。低所得層の人たちが便利なクレジットカードを使えなくなってしまうというのは、大きな問題といえるでしょう。

クレジットカードで高額商品を買えない人が出てくると、個人消費にも無視できない影響が出てくることになるでしょう。

悪徳商法の横行については、クレジット業者が加盟する商品販売業者を選別するだけでも十分防げるはずで、クレジットカード利用者の支払い能力まで調査するというのは、規制が行き過ぎているといえるのではないでしょうか。

カード規制で景気が急速に悪化した韓国

クレジットカードの利用に対して過度の規制をかけると、個人消費全体にマイナスの影響が出てしまうという点をもう少し詳しくみておきましょう。

過去に、韓国では政府によるクレジットカードの規制が発端となって、個人消費が低迷するという事態に見舞われています。「プラスチック・バブル」の発生と崩壊という現象です。

韓国では、サッカーワールドカップ開催後の２００３年から景気が急激に悪化するようになりました。当時、韓国の景気の足を引っ張ったのは、個人消費です。

そして、個人消費が変調をきたした直接の原因は、家計のローン残高拡大を懸念した政府が、２００２年に一連の借り入れ抑制策を実施したことです。

韓国では２００１年から２００２年にかけて家計のローン残高が急拡大したのですが、この背景として、次の３点が指摘できるでしょう。

第１に、ローン金利が低下したことです。韓国中央銀行は、２００１年２月から９月にかけて、低迷する景気を刺激するため政策金利の誘導目標であるコール翌日物金利（金融機関同士が翌日には返済する約束で短期資金の貸し借りを行うときの金利）を数度にわたって引き下げました。短期金利の低下を受けて、個人向けローン金利の水準は2001年初めの5・3％から同年末には4・0％まで低下、景気が上向きに転じた後も低位安定で推移しました。ローン金利が低水準で推移したことが、利払い負担の軽減→借り入れを軸とした個人消費の増加につながったと考えられます。

第2に、1999年にクレジットカードの使用分が課税所得の対象外となる所得控除制度を導入するなど、政府がクレジットカードの普及を強力に推進したことが挙げられます。これにより、クレジットカードを利用した割賦販売などが急増することになりました（韓国の個人消費の5割以上はクレジットカードによるものです）。

第3に、1997年のアジア通貨危機発生以降、不良債権の削減を図る金融機関が、企業向け融資の審査基準を厳格化する一方、住宅ローンや自動車ローンといった個人向け融資に力を入れるようになったことがあります。

これら3つの要因が重なった結果、家計ローン残高の拡大を伴う形で個人消費が過熱していくこととなったのです。英国のエコノミスト誌は、こうしたクレジットカード利用による消費拡大を「プラスチック・バブル」と表現しています。

韓国中央銀行の統計によれば、2000年末時点で267兆ウォンであった消費者信用残高

（住宅ローン残高＋クレジットカード・ローン残高）は2002年末時点には439兆ウォンと2年間で1・64倍にも膨れ上がりました。2002年の韓国経済は、世界経済が低迷するなかにあっても、消費者信用残高の拡大→個人消費の拡大→企業収益回復→設備投資増加という経路で民需主導の自律的な景気拡大を実現したのです。

その一方で、無計画な借り入れを行うことが多い若年層を中心に債務延滞者、自己破産者が増加傾向をたどるようになり、それは一種の社会問題にまで発展していきました。

こうした事態を重くみた政府は、2002年に入って金融機関の延滞債権貸し倒れ引当率の引き上げ、クレジットカードの利用制限、住宅ローンの融資基準の厳格化、カード勧誘に関する規制の強化など、個人債務残高の拡大に歯止めをかける一連の政策を相次いで発表・実施したのです。

しかし、政府の引き締め政策があまりにも急であったため、消費者のセンチメント（心理状態）が一気に冷え込み、クレジットカードのローン残高およびクレジットカードを利用した耐久財消費も激減してしまいました。

個人消費はいわゆる「プラスチック・バブル」崩壊によりソフト・ランディング路線から外れ、ハード・ランディング路線をたどることとなったのです。

さらに、韓国景気のエンジンになっていた個人消費の縮小は、消費縮小→企業収益減→設備投資減少という経路でマイナス循環を引き起こし、景気を後退局面に陥れました。

このような韓国の例をみても、クレジットカードの利用に過度の制限を設けることは、望ましくないと考えられるでしょう。

ようやく始まった、ネットカフェ難民への金銭的支援

雇用面においては、第3章で解説したとおり、「日雇い派遣」が規制されるなど、「ワーキングプア」になりやすい人たちが企業側に搾取されないような仕組みを整えようという規制の動きが出ています。

「日雇い派遣」に対する規制を強化することも必要ですが、それと同時に、住居についても、低収入の人たちが「ネットカフェ難民」に陥らないようなセーフティネットを整備することが必要です。規制緩和をして、民間だけに低所得層向けの住宅サービスの提供をまかせていると、第1章で紹介した「ゼロゼロ物件」の罠にかかってしまう人たちも出てきます。

「ネットカフェ難民」については、解決が難しい問題ですが、とりあえずは、民間のアパートで家賃などをきちんと支払うことができない人たちのために、国や地方公共団体が家賃の安い公営住宅の供給をもっと増やすことが必要になってくるでしょう。

低所得層を対象とした公営住宅（家賃は入居者の所得に応じて決まる）はすでに存在してい

ますが、入居希望者が多くて、どの公営住宅も入居倍率は非常に高くなっているというのが実情です。年金暮らしをしている高齢者の間でも、公営住宅への入居を希望する人が多いので、今後、公営住宅の入居倍率はさらに高まると予想されます。

地方財政はどこも厳しくなっているのですが、公営住宅に対しては、もう少し財政資金を振り向けてやってもいいのではないでしょうか。

家賃を格安に設定した公営住宅を十分に供給すれば、「ネットカフェ難民」の生活に多少の余裕が生まれてくるようになり、いずれは公営アパートを抜け出せるようになるはずです。

そして、そうした人たちが「ワーキングプア」の状況から脱却できれば、いずれは税収の増加となって、国・地方自治体が見返りを受けることができます。

政府は、低収入の人たちが優先的に公営住宅に入居できるようにするため、「公営住宅法施行令」を改正、入居基準収入を２００９年４月から引き下げることを決定しました。これまでの入居基準収入は月収20万円でしたが、これを15万８０００円に引き下げたのです。

法令改正によって現在10倍程度の倍率が5倍程度まで下がることが期待できるということです。しかし、これでは不十分で、公営住宅の供給そのものを増やすことが必要なのではないでしょうか。

また、欧州諸国が実施しているように、収入が少なくて民間の住宅に入居できない人のために、政府が家賃補助を行う仕組みを導入することも検討に値します。実際、フランスなどでは失業中の若者が民間賃貸住宅に入居できるよう、政府が保証金を支払ってくれます。英国でも、収入が一定の水準に満たない人を対象に、政府が家賃補助を行っています。

翻って、日本では、いくつかの地方自治体が独自に家賃補助制度を導入していますが、政府は2008年度まで家賃補助を行ってきませんでした。地方自治体の家賃補助制度については、たとえば、東京都が2008年度から「ネットカフェ難民」の自立支援策として「TOKYOチャレンジネット」を打ち出すようになりました。

厚生労働省の実態調査では、全国の「ネットカフェ難民」(ネットカフェ等で週の半分以上を寝泊りしている人)は約5400人となっていますが、そのうち約2000人、「ネットカフェ難民」全体の37・0%が東京都23区内に集中しており、「ネットカフェ難民」の救済が喫緊の課題になっていました(図表18)。

「TOKYOチャレンジネット」では一定の条件を満たす「ネットカフェ難民」の若者たちに住宅確保や生活費として、上限60万円を無利子で融資しています。ただ、条件を満たせずに、融資が受けられない若者はまだまだたくさんいるということです。

また、「ネットカフェ難民」については、自己責任論を主張する人も多く、都民の税金をこうした人の救済にあてることに反対する声も少なくありません。

図表18｜住居喪失不安定就労者等の推計値

（人）

①住居喪失者	約5400
東京23区内	約2000
名古屋市内	約200
大阪市内	約900
②住居喪失非正規労働者（③＋住居喪失長期非正規）	約2700
東京23区内	約1400
名古屋市内	約100
大阪市内	約400
③住居喪失短期労働者（④＋⑤）	約1700
④住居喪失短期派遣労働者	約600
⑤住居喪失短期直用労働者（直接雇用）	約1200
⑥住居喪失正社員	約300
⑦住居喪失失業者（仕事をしていない〈探している〉）	約1300
⑧住居喪失失業者（仕事をしていない〈探していない〉）	約900

（出所）厚生労働省「日雇い派遣労働者に関する実態調査及び
住居喪失不安定就労者に関する実態調査の概要」より引用

しかし、公営住宅が不足する一方、民間の賃貸住宅については空き家がかなり存在しているというのが実情であり、政府が民間賃貸住宅への家賃補助を行えば、「ネットカフェ難民」の減少に効果を発揮する可能性が高いといえます。

ここへきて政府もようやく重い腰を上げるようになりました。「ネットカフェ難民対策」として、年収150万円以下で住居のない人を対象にして、2009年度から1カ月あたり合計15万円の生活費（10万円）・住居費（5万円）を融資する予定です。民間の賃貸住宅に入居するのに必要な敷金など初期費用についても最大で40万円の融資をします。

ただし、この融資を受けるには、ハローワークに求職登録をして、公共職業訓練を受けることが必要です。政府は、この制度の利用者が2009年度中で2000人強になるとみています。

そして、「ネットカフェ難民」を減らすための最も有効な手段は、個々の企業が、雇用が不安定で低賃金の非正社員を正社員にしていく努力をすることでしょう。

急激な円高の影響を受けにくい流通・サービス関連の業種を中心に、一部の企業の間では、将来の人材不足を見越すような形で、「派遣切り」によって失業した非正社員を正社員にしたり、あるいは正社員を増員したりするような動きが出てきています。

たとえば、居酒屋「白木屋」「魚民」などを全国で展開するモンテローザは、2008年12月、失業した派遣社員や正社員を対象として、最大で500人を正社員として採用すると発表しました。同社は、優秀な人材を増やすことで、顧客に対するサービスの向上を目指します。また、ラーメンチェーン大手の幸楽苑は、2008年12月末から正社員150人を中途採用すると発表しました。さらに、タクシー大手の第一交通産業も、全国で6000人の正社員を募集しています。

ただ、正社員増員の動きは、まだ一部の企業に限られているため、これから大幅に増加すると予想される失業者の雇用の受け皿としては不十分です。今後は、こうした動きがより多くの企業に広がっていくことが期待されます。

未曾有の金融危機・不況を理由に、多くの国内企業は非正社員の大量削減に乗り出していますが、企業は、このような最悪の時期を将来のための準備期間ととらえるべきです。政府の雇用対策（非正社員を正社員化した企業に対して支援金を出す）などを積極的に活用しながら、中長期的な人材確保という視点に立って、非正社員を正社員にしていくことが必要なのではないでしょうか。景気が悪くなったからといって安易に人減らしをすれば、非正社員の人たちは、企業のために一生懸命働こうという意欲を失い、中長期的に日本のマンパワーの活力が失われることになります。

不正防止が貧困問題を悪化させる生活保護のジレンマ

最後に、生活保護の不正受給の問題を考えておきたいと思います。今日明日の食事の心配をしなくてはならないほど極端な貧困に陥った人たちは、生活保護を受けることができます。しかし、近年では、この生活保護制度を悪用した不正受給が問題化するようになってきました。

不正受給とは、実際には収入があって、生活保護を受ける条件を満たしていないのに、その収入を申告せずに、生活扶助などを受けるような行為を指します。いうまでもなく、生活保護には、国民の貴重な血税が使われているのですから、不正受給は絶対に許されない行為です。

厚生労働省の発表（速報値）によると、2007年度における生活保護費の不正受給は約1万6000件で、前年度に比べて約1300件増加しました。

不正受給の金額は約92億円と過去最高の金額を記録しました（図表19）。前年度に比べると約2億円の増加になっています。不正受給の金額は年々増加傾向で推移しており、2001年度と比べると2007年度は約2倍の規模に膨らんでいます。2007年度の不正受給の内訳をみると、働いて得た収入を申告しないケースが56％と、全体の半分以上を占めました。

次に多かったのが、年金収入などの無申告で、全体の13％を占めています。そのほか、働いて得た収入の過小申告が12％などとなっています。不正受給のなかには自分の給与明細を偽造するなど詐欺に近い行為も少なからず含まれています。なかには、暴力団関係者が不正受給をしていたというケースもあります。暴力団関係者の不正受給に関しては、2008年2月、元

図表 19 | 行政が認知した生活保護費の不正受給

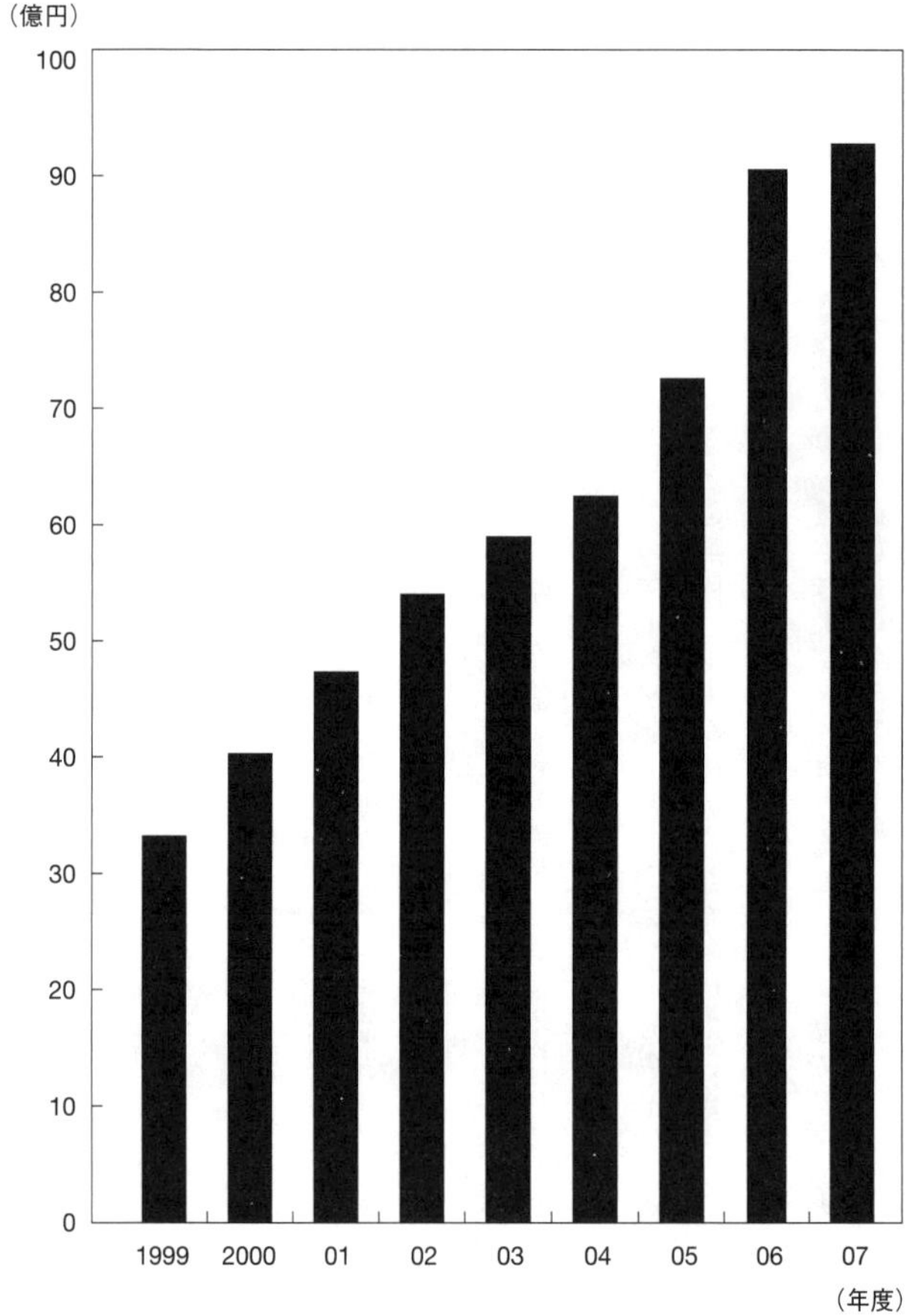

（出所）厚生労働省資料より作成

暴力団組員の夫婦ら4人が詐欺容疑で逮捕されました。この夫婦は、もともと北海道滝川市で生活保護を受給していましたが、札幌市までの通院タクシー代を滝川市に架空請求する手口で2億円以上の大金をだまし取っていたのです。この夫婦は実際には通院していませんでした。

各自治体が税務署に生活保護給付者の納税状況を照会することによって、不正受給が発覚するケースが多くなっています。厚生労働省によると、不正受給の9割はこの照会でみつかっています。

このような生活保護の不正受給が横行する根本的な背景には、高齢化の進行による老人の一人暮らし、若者の貧困層の拡大によって生活保護を受ける世帯の数が急増していることがあります。厚生労働省の資料によると、生活保護の受給対象となっている世帯は2008年7月時点で113・4万世帯となっており、2001年初めに比べると約1・5倍に増えています(図表20)。

生活保護を受ける世帯が増えてくると、マンパワーの問題もあって自治体による審査が手薄になりがちとなるため、それを巧みに利用して心ない者が不正に生活保護を申請していると考えられます。そして、こうした不正受給が増えてくると、受給をできるだけ抑制しようと行政側の審査が厳しくなり、本当に生活保護が必要な人への支援が手薄になってしまうといった問題が出てきます。

図表20｜生活保護を受ける世帯と人員の推移

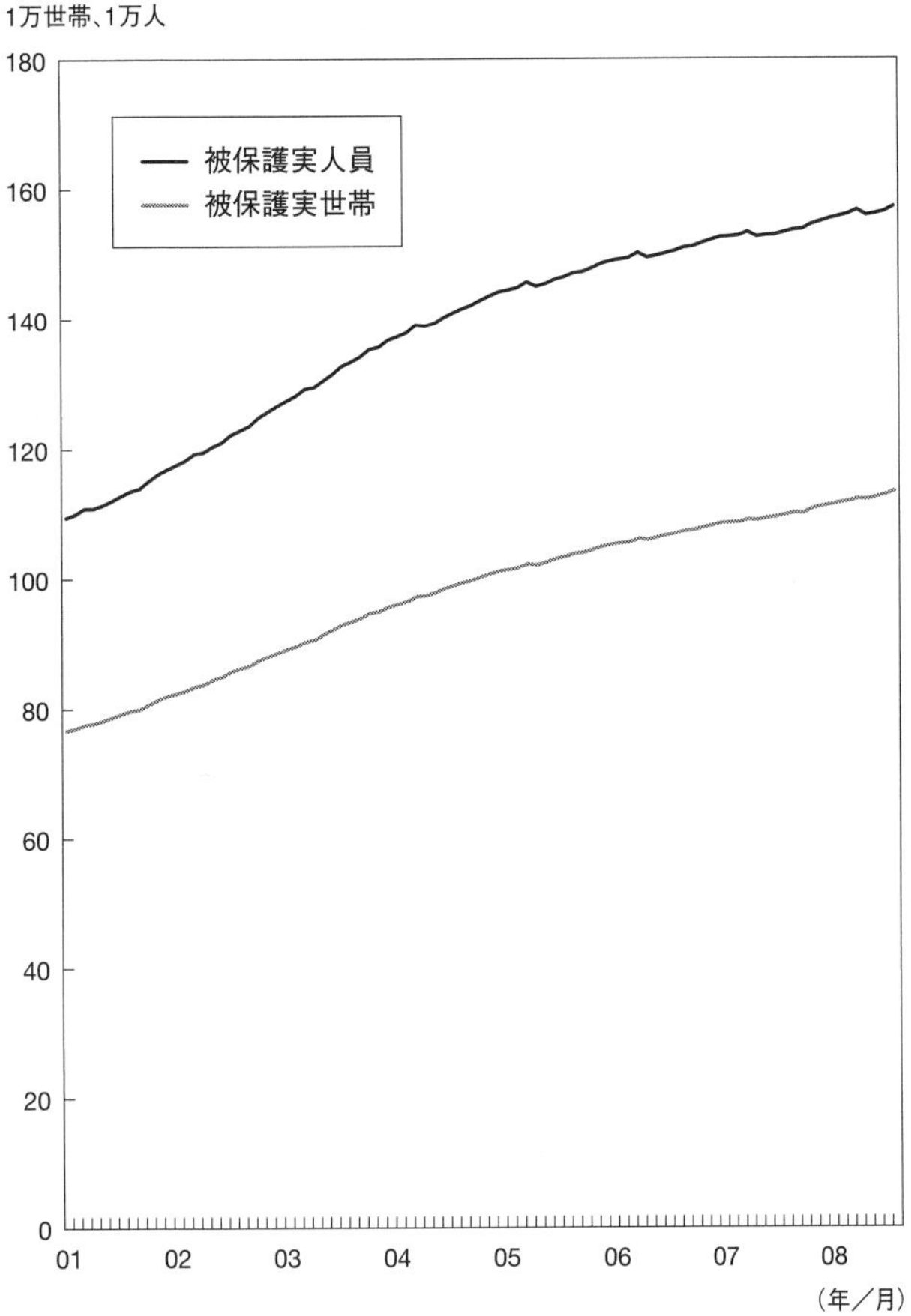

(出所)厚生労働省資料より作成

たとえば、先ほど紹介した元暴力団組員の夫婦が通院タクシー代を架空請求していた事件が発覚した後、厚生労働省は2008年4月1日に、生活保護者が病院に通う際の交通費を厳しく制限する旨の局長通知を出しました（その後、この局長通知に対する社会的な批判が強まったことから、2008年6月10日には交通費についてこれまでどおりとするといった追加通知が出されています）。

このように行政が不正の防止に目を奪われて、生活保護の支給を削減する結果、本来生活が貧窮化して緊急に保護されるべき人が保護されなくなってしまうという本末転倒の事態が起きてしまうのです。これは、生活保護制度そのものに対する国民の信頼を失うことを意味します。

たとえば、北九州市では、不正受給防止のために、生活保護給付の審査を厳しくしました。その結果、近年、生活保護を受けることができなかったり、生活保護を打ち切られたりして、アパートで孤独死する老人が増えてきているのです。

行政側は、不正受給に対する監視の目を強化すると同時に、生活保護を本当に必要としている人に対しては円滑に保護費を支給するという、非常に微妙で難しい政策の舵《かじ》取りをしなくてはなりません。

おわりに
——さらなる没落を招かない対策を

21世紀に入ってから、人々の所得格差が拡大の一途をたどるようになりました。格差の拡大という現象は、日本だけに限った話ではありません。1990年代以降、他の先進国や発展途上国でも、日本と同じように人々の所得格差が拡大するようになっています。

これは、規制緩和などによって、勝ち負けがはっきりする市場原理を各国が積極的に導入した結果といえるのではないでしょうか。

企業間の競争が激しくなれば、各企業は収益を上げるために人件費を抑制するようになります。人件費を抑制するのに手っ取り早い方法は、コストのかかる正社員をコストのかからない非正社員に切り替えることです。

総務省統計局の『労働力調査』によると、雇用者全体に占める非正社員の割合は1984年2月の時点では15・3%だったのですが、2008年4~6月期には33・4%まで上昇しています。現在の日本では、雇用者の3人に1人が非正社員なのです。そして、雇用者に占める非正社員の割合が高まるにつれて、雇用が不安定で収入の少ない低所得層が増えてくるようになったと考えられるのです。

低所得層の中から格差の底辺に位置する「ワーキングプア」や「ネットカフェ難民」と呼ばれる人たちも増えてくるようになりました。

2008年9月の「リーマン・ショック」以降、日本でも景気の後退が深刻化してきており、今後は、中産階級からの没落組も含めて非正社員や低所得層の数がさらに増えていくことが予想されます。

その一方、低賃金と不安定な雇用に苦しむ人たちが増えるのと歩調を合わせるかのように「貧困ビジネス」が拡大するようになっています。

「強い者が勝つ」という徹底した市場主義の考え方に感化された人たちは、「貧困ビジネス」に手を染め、社会的に弱い立場に置かれた人たちが次々とその餌食になっていきます。まさに、今の世の中は、強者が弱者を呑み込んでしまう「弱肉強食」の様相を呈しているといっても過言ではないでしょう。

本書で詳しく述べてきたとおり、「ゼロゼロ物件」や「名義貸し」「ヤミ金融」「臓器のヤミ売買」など様々なタイプの「貧困ビジネス」が氾濫《はんらん》していますが、最後に、社会的に弱い立場にある貧困層を搾取するタイプの「貧困ビジネス」をなくすにはどうすればいいかを考えてみたいと思います。

ロシアの作家ゴーゴリ（1809〜1852年）の代表作に、『外套』という短編小説があります。この小説の内容を簡単に紹介すると、主人公の貧しい下級官吏アカーキイ・アカーキエウィッチは、使い古してボロボロになった外套を新調する必要に迫られました。外套の新調には高額の代金が必要なのですが、アカーキエウィッチは貯金や臨時の収入を使って、なんとか新しい外套を手にすることができました。新しい外套は、貧しい彼にとって人生最大の喜びとなります。ところが不幸なことに、新調したばかりの外套は、追剝ぎによって奪い取られてしまいます。

アカーキエウィッチは、警察署長や有力者に「何とか自分の外套を見つけてほしい」と必死でお願いするのですが、彼らはまともに取り合ってくれません。それどころか、アカーキエウィッチの頼み方に問題があるとして怒られてしまいます。最後に、絶望したアカーキエウィッチは、高熱を出して死んでしまいます。

なぜ、ここで『外套』を紹介したかといえば、この小説の内容が、そのまま「貧困ビジネス」の解決策につながってくるからです。

この小説の登場人物たちを「貧困ビジネス」の構図に当てはめると、主人公のアカーキエウィッチは、悪質な「貧困ビジネス」の被害に遭う低所得層の人たちに、外套を奪う追剝ぎは、あの手この手で「貧困ビジネス」を展開する業者に、そして警察署長や有力者は行政当局に置き換えることができます。

行政側の対応がしっかりしていないと、低所得層の人たちは「貧困ビジネス」の被害に遭って、『外套』の主人公アカーキエウィッチのように希望の地盤がないまま不幸のどん底に突き落とされてしまいます。悪質な業者にボロ屑同然に扱われて、自尊心も失われていきます。

では、「貧困ビジネス」の荒波を和らげるために、行政側はどのように対応すればいいのでしょうか？　規制を強化するという方法もありますが、第6章で紹介した「改正貸金業法」「改正割賦販売法」のように、規制の強化が逆に低所得層の生活を一段と厳しいものにしてしまう可能性もあります。やみくもに規制を強化してプレイヤーの数を制限するのではなく、プレイヤーの数は制限せずに公正なルールを作ることが重要になってくるのではないでしょうか。

多くの「貧困ビジネス」は、法律の隙間である「グレーゾーン」を巧みに利用することで成り立っていることは間違いのない事実です。法制度を整備することを通じて、誰もが納得できるしっかりとしたルールをつくることが必要です。

また、非合法で悪質な「貧困ビジネス」を展開している一部の業者に対しては、罰則を強化することも必要でしょう。

警察当局に摘発されたときの罰金刑や懲役刑が非常に重いものになれば、あえて摘発されるリスクを冒してまで、非合法な「貧困ビジネス」に手を染める者の数は減ってくるはずです。

たとえば、正規の銀行免許を持っていない業者が、外国人労働者を対象にして海外への送金業務を行う「地下銀行」というものがあります。警察当局は、「地下銀行」の摘発を強化していますが、次から次に新しい「地下銀行」が出てきているというのが実情です。これは、「地下銀行」を手がけていたとして警察当局に摘発されても、罰則が軽い（罰則は、3年以下の懲役もしくは300万円以下の罰金）ので、それぐらいのリスクはなんでもないと考える人が多いからと考えられます。

さらに、より根本的な問題解決策として、最低賃金の引き上げや非正社員の正社員化など政策的な対応によって貧困層の絶対数を減らしたり、あるいは雇用者に占める低所得層の割合を低下させることも必要です。

なお、本書の執筆にあたっては、企画の段階から幻冬舎編集部の小木田順子さんに大変お世話になりました。記して感謝いたします。

エコノミスト　門倉貴史

2008年12月25日

参考文献

『官製不況』門倉貴史・2008年・光文社新書
『ワーキングプア』門倉貴史・2006年・宝島社新書
『貧困大国ニッポン』門倉貴史＋賃金クライシス取材班・2008年・宝島社新書
『セックス格差社会』門倉貴史・2008年・宝島社新書
『ワーキングプアは自己責任か』門倉貴史・2008年・大和書房
『蟹工船・党生活者』小林多喜二・1954年・角川文庫
『下流喰い』須田慎一郎・2006年・ちくま新書
『ルポ　貧困大国アメリカ』堤未果・2008年・岩波新書
『臓器は「商品」か』出口顕・2001年・講談社現代新書
『労働ダンピング』中野麻美・2006年・岩波新書
『ドナービジネス』一橋文哉・2002年・新潮社
『貧困襲来』湯浅誠・2007年・人文社会科学書流通センター
『反貧困』湯浅誠・2008年・岩波新書

幻冬舎新書 108

貧困ビジネス

二〇〇九年一月三十日　第一刷発行
二〇〇九年二月　十　日　第二刷発行

著者　門倉貴史

発行者　見城　徹
発行所　株式会社　幻冬舎
〒一五一-〇〇五一　東京都渋谷区千駄ヶ谷四-九-七
電話　〇三-五四一一-六二一一(編集)
〇三-五四一一-六二二二(営業)
振替　〇〇一二〇-八-七六七六四三
ブックデザイン　鈴木成一デザイン室
印刷・製本所　中央精版印刷株式会社

Printed in Japan　ISBN978-4-344-98107-2 C0295
か-5-3
幻冬舎ホームページアドレス http://www.gentosha.co.jp/
＊この本に関するご意見・ご感想をメールでお寄せいただく場合は、comment@gentosha.co.jpまで。